Emmerich
Finanzmanagement im Krankenhaus
Innovative Ansätze

Finanzmanagement im Krankenhaus

Innovative Ansätze

von
Klaus Emmerich

Bibliografische Informationen der Deutschen Nationalbibliothek

Die Deutsche Nationalbibliothek verzeichnet diese Publikation in der Deutschen Nationalbibliografie; detaillierte bibliografische Daten sind im Internet über http://dnb.d-nb.de abrufbar.

Bei der Herstellung des Werkes haben wir uns zukunftsbewusst für umweltverträgliche und wiederverwertbare Materialien entschieden.
Der Inhalt ist auf elementar chlorfreiem Papier gedruckt.

ISBN 978-3-86216-051-8

© 2011 medhochzwei Verlag GmbH, Heidelberg
www.medhochzwei-verlag.de

Dieses Werk, einschließlich aller seiner Teile, ist urheberrechtlich geschützt. Jede Verwertung außerhalb der engen Grenzen des Urheberrechtsgesetzes ist ohne Zustimmung des Verlages unzulässig und strafbar. Dies gilt insbesondere für Vervielfältigungen, Übersetzungen, Mikroverfilmungen und die Einspeicherung und Verarbeitung in elektronischen Systemen.

Satz: preXtension GbR, Grafrath
Druck: Beltz Druckpartner GmbH & Co. KG, Hemsbach

Äthiopienhilfe „Menschen für Menschen"

Mit diesem Buch unterstützen Sie Karlheinz Böhms Äthiopienhilfe „Menschen für Menschen". 10 % des Nettoerlöses wird Karlheinz Böhms Stiftung „Menschen für Menschen" zur Verfügung gestellt. Der Autor Klaus Emmerich konnte die Projekte der Äthiopienhilfe im Jahr 2008 vor Ort besuchen und sich von der Effektivität der Hilfe für Menschen in Not überzeugen.

Äthiopien ist eines der ärmsten Länder der Welt. Auf einer Fläche von ca. 38.000 km^2 werden Kindergärten, Schulen, Berufs- und Ausbildungszentren, Krankenhäuser, Krankenstationen, Straßen Brücken, Brunnen, Wasserreservoire und Dämme gegen Erosionen gebaut. Väter und Mütter erhalten Informationen über verantwortbare Familienplanung, HIV-Infektionsgefahren, Hygiene, Bewässerung der Agrarflächen und Maßnahmen gegen Bodenerosionen. Frauen erhalten Kleinkredite, mit denen sie die notwendige Ausrüstung für ihren Broterwerb kaufen können. Die schädliche Tradition der schmerzhaften Frauenbeschneidung wird gebrandmarkt.

Die Auswirkungen sind gewaltig: Die Menschen der Projektregionen erhalten „Hilfe zur Selbsthilfe". Nach einer Projektzeit zwischen 10 und 20 Jahren ist die Bevölkerung auf keine Unterstützung mehr angewiesen. Neue Projekte entstehen.

Vorwort

Finanzmanagement im Krankenhaus – ein stolzes Projekt mit vielen neuen Ansätzen, die bisher so noch nicht realisiert wurden.

Angefangen bei einem medizinisch-ökonomischen Ansatz eines Casemanagements über den Aufbau einer realistischen Kostenträgerrechnung auch mit neuen Methoden und Instrumenten von Six Sigma und Lean Management – was in diesem Buch beschrieben wird, ist ein Kraftakt für jedes Krankenhaus und ein Erfolgsprojekt für den Autor.

Gedanken auf den Weg zu geben, ist einfach für einen Vorstand – die Umsetzung ist der schwere Weg für den Autor gewesen. Deswegen erfüllt es mich mit Stolz, dass ihm dieses Buch gelungen ist.

Dafür danke ich ihm und wünsche unseren Ideen eine weite Verbreitung!

Christian Roppelt
Vorstand Kommunalunternehmen
„Krankenhäuser des Landkreises Amberg-Sulzbach"

Inhaltsverzeichnis

Äthiopienhilfe „Menschen für Menschen" V
Vorwort VII
Abkürzungsverzeichnis XI

1 Einführung 1
2 Analysebereich: Zielgruppenorientiertes Controlling 1
3 Steuerungsgrößen 22
   3.1 DRG-Einflussgrößen 22
      3.1.1 DRG-Fallpauschalensystem: Fluch oder Segen? 22
   3.2 Entgeltverhandlungen 24
      3.2.1 Katalogeffekte des DRG-Fallpauschalenkatalogs 31
      3.2.2 Offene Casemix-Absenkungen 35
      3.2.3 Zu vereinbarende Mehrleistungen 35
      3.2.4 Frei verhandelbare Zu- und Abschläge 42
   3.3 Case-Management 45
   3.4 Prozessorientierte Kostenträgerrechnung 47
      3.4.1 Kostenträgerrechnung nach dem INEK-Kalkulationshandbuch 3.0 47
      3.4.2 Prozesssteuerung durch Case-Management und EDV 48
   3.5 DRG-Kostenermittlung für Einsteiger 60
      3.5.1 Kostenträgerrechnung nach dem INEK-Kalkulationshandbuch 3.0 60
      3.5.2 Notwendigkeit eines Überblicks über Gewinne und Verluste im stationären Bereich 61
      3.5.3 Schlussfolgerungen 69
   3.6 Prozessorientierung und SixSigma 69
      3.6.1 Industrielle SixSigma-Methode im Gesundheitswesen 69
      3.6.2 Datenvalidierung als notwendige Voraussetzung für Prozessveränderungen 74
      3.6.3 Schlussfolgerungen 76
   3.7 Risikomanagement 77
      3.7.1 5 Jahresplanung 77
      3.7.2 Risikoanalyse im Lagebericht 85
4 Fazit 87

Literatur 89

Abkürzungsverzeichnis

Abb.	Abbildung
Abs.	Absatz
AEB	Aufstellung der Entgelte und Budgetermittlung (Kalkulationsprogramm)
CMI	Casemix-Index
ccl	Clinical Complexity Level (Schweregradstufen für Nebendiagnosen)
DRG	Diagnosis Related Groups
dv	Datenverarbeitung
E1	Erfassung der Krankenhausleistungen für die Budgetverhandlungen (Kalkulationsprogramm der AOK)
elektiv	auswählend, herausnehmend. Eine Elektivoperation z. B. ist eine Operation, deren Zeitpunkt gewählt werden kann
GuV	Gewinn- und Verlustrechnung
Hrsg.	Herausgeber
INEK	Institut für das Entgeltsystem im Krankenhaus
MDK	Medizinischer Dienst der Krankenkassen
KHEntgG	Krankenhausentgeltgesetz
KHG	Krankenhausgesetz
KTQ	Kooperation für Transparenz und Qualität im Gesundheitswesen GmbH
Lean Management	Schlankes Management
OPS	Operationen- und Prozedurenschlüssel
Tab.	Tabelle
Tsd.	Tausend
u. a.	und andere(s)
WkkV	Verordnung über die Wirtschaftsführung der kommunalen Krankenhäuser

1 Einführung

Kein Jahr vergeht, ohne dass sich die gesundheitspolitischen Rahmenbedingungen für die bundesdeutschen Krankenhäuser verändern. Jedes Jahr ein neuer DRG-Fallpauschalenkatalog, der die Leistungen der Krankenhäuser neu bewertet, jedes Jahr ein neuer Basisfallwert, jedes Jahr veränderte Abschläge für Mehrleistungen, Mehrerlöse, oder sonstige historische Tatbestände (Verlängerung der Konvergenzphase u. a.). Wer ein Krankenhaus wirtschaftlich leitet, muss entweder Hellseher sein oder strategisch mehrgleisig planen, um auf die vielfältigen und ständig wandelnden Herausforderungen adäquat reagieren zu können.

Dieses handliche Werk ist ein Buch für die Praxis. Es stellt auf kurze prägnante Weise heraus, worauf es ankommt:

- Analysen und Auswertungen nur dort und zwingend dort, wo sie benötigt werden.
- Konzentration auf das Wesentliche.
- Bestreiten innovativer Wege zur Steuerung der Abläufe in Ihrem Krankenhaus.

Ein umfassendes Berichtswesen reicht nicht aus. Nur wer auf seine finanziellen Zahlen reagiert und Prozesse verändert, wird sein Krankenhaus in eine sichere Zukunft steuern.

Zwei Anmerkungen zu diesem Buch: Als Führungskraft haben Sie begrenzte Zeit. Die Kürze dieses Werkes trägt diesem Tatbestand Rechnung. Sie sollten nicht mehr als 3 Stunden benötigen, um dieses Buch gedanklich zu verarbeiten. Haben Sie bitte Verständnis dafür, dass die im Kommunalunternehmen „Krankenhäuser des Landkreises Amberg-Sulzbach" entwickelten und praktisch erprobten Kalkulationen inhaltlich und in ihrer Berechnung modifiziert wurden.

2 Analysebereich: Zielgruppenorientiertes Controlling

Viele Krankenhäuser geben Unsummen für Benchmarking-Projekte heraus. Was aber sagt Ihnen der Vergleich mit anderen Krankenhäusern? Welche Antwort gibt Ihnen das Benchmarking, wenn Ihre Personalkosten in der Pflege höher als die vergleichbarer Krankenhäuser sind? Was ist zu tun? Vielfach bleibt es beim Vergleich. Es hilft Ihnen nichts, wenn Sie wissen, ob Sie besser oder schlechter als vergleichbare Krankenhäuser sind. Notwendig sind Handlungsanweisungen und Strategien, wie Sie Ihre Probleme bewältigen können (Kapitel 3). Wird Ihnen diese Empfehlung nicht mitgeliefert, verzichten Sie lieber auf das Benchmarking: Sie sparen sich viel Geld und Zeit und liefern dem Benchmark-Anbieter nicht unnötig interne Krankenhausdaten.

6   Das obige Beispiel zeigt:

- Vermeiden Sie Papiertiger!
- Wählen Sie Ihre gewünschten Auswertungen bewusst aus.
- Konzentrieren Sie sich auf die Bereiche, die Sie oder andere Führungskräfte Ihres Hauses steuern möchten.
- Definieren Sie Ziele und Adressaten Ihrer Auswertungen und leiten Sie daraus deren Inhalte ab.
- Vermeiden Sie Aufwendungen für Auswertungen, die niemand benötigt.
- Weniger ist oft mehr.

7   Am Beispiel eines Krankenhauses der Grund- und Regelversorgung wird erläutert, wie ein zielgruppenspezifisches Controlling im Krankenhaus aussehen kann. Jedes Krankenhaus hat jedoch seine eigenen Herausforderungen. Ihre Aufgabe ist es, daraus das geeignete Auswertungssortiment auszuwählen.

Tab. 1: Zielgruppenorientiertes Controlling

Auswertung	Turnus	Adressat	Inhalte	Steuerungsziel
Controllingdaten	wöchentlich			
(1) Chefinfo DRG	wöchentlich, per Mail	Krankenhausleitung, Leiter Rechnungswesen/Controlling, stellvertretende Krankenhausleitung, Medizin-Management, Case-Manager, Chefärzte	Entwicklung Jahr/Vorjahr zu DRG, Casemixindex (CMI), Casemix, DRG-Erlös, Ab-/Zuschläge, Rechnungsrückstand	Optimierung des CMI, Casemix, Vermeidung von Abschlägen, Anstoß von Recherchen im Falle eines CMI-Rückgangs, Bewusstsein über Wirkung kleiner CMI-Änderungen, möglichst zeitnahe Abrechnung zwecks Erhöhung der Liquidität, Erfolgskontrolle der Chefärzte (Fälle) und Case-Manager (CMI, Rechnungsrückstand)
(2) Auslastungsstatistik	wöchentlich, per Mail	Krankenhausleitung, Leiter Rechnungswesen/Controlling, stellvertretende Krankenhausleitung, Medizin-Management, Case-Manager, Chefärzte	Aktuelle Belegung	Prognosemöglichkeit über steigende oder fallende DRG-Fälle

Analysebereich: Zielgruppenorientiertes Controlling

(3) Kontenübersicht	wöchentlich	Krankenhausleitung, Leiter Rechnungswesen/Controlling, Bereichsleiter Finanzbuchhaltung,	Kontenstände des Krankenhauses, ggf. unter Abzug ausstehender Zahlungseingänge	Kurzfristige Liquiditätsplanung
Kosten- und Leistungsrechnung	monatlich			
(4) Finanz-, Personal- und Medizin-Controller	Monatlich per Mail	Vorstellung im Direktorium: Krankenhausleitung, stellvertretende Krankenhausleitung, Leiter Rechnungswesen/Abrechnung/Controlling, Leiterin Personal, Chefärzte, Medizin-Management	Vergleich der Erlöse, Aufwendungen, Personalkapazitäten und DRG-Kennziffern auf Vorjahresebene und gegenüber dem Wirtschaftsplan	Erfolgskonrolle insbesondere der medizinischen Fachabteilungen, des Case-Managements (Kodierung, Rechnungsrückstand) sowie der Fachabteilungen hinsichtlich Kosteneinsparungen
(5) Jahresergebnisprognose	Monatlich, per Mail kommentiert	Krankenhausleitung, Leiter Rechnungswesen/Controlling, Bereichsleiter Finanzbuchhaltung	Jahresergebnisprognose mit Vorjahresvergleich, Jahresergebnisprognose mit Vergleich zum Wirtschaftsplan, Jahresergebnisprognose nach medizinischen Fachdisziplinen	Kontrolle zur Einhaltung des Wirtschaftsplans, Kontrolle hinsichtlich Abweichung zum Vorjahr, Rentabilität der medizinischen Fachbereiche
Kosten- und Leistungsrechnung	quartalsmäßig			
(6) Finanz-, Personal- und Medizin-Controlling für den Verwaltungsrat	Quartalsmäßig	Aufsichtsgremium	Vergleich der Erlöse, Aufwendungen, Personalkapazitäten und DRG-Kennziffern auf Vorjahresebene und gegenüber dem Wirtschaftsplan	Erfolgskontrolle des Krankenhauses

Tab. 1: *(Fortsetzung)*

Auswertung	Turnus	Adressat	Inhalte	Steuerungsziel
(7) DRG-Controllingbericht	Quartalsmäßig	Krankenhausleitung, Leiter Rechnungswesen/Controlling, stellvertretende Krankenhausleitung, Medizin-Management, Case-Manager	Kommentierte Chefinfo, DRG-Zu-/Abschläge, unkommentierte DRG-Kostenträger, Top-DRG, häufigste DRG	Detaillierte Analyse der wöchentlichen DRG-Chefinfo (1), Rentabilität der medizinischen Fachbereiche, Rentabilität der MDC bzw. DRG, Entwicklung DRG-Fälle, CMI, Zuwächse bzw. Rückgänge der Einweiser (Akquise)
Jahresberichte	**jährlich**			
(8) Jahresabschluss (Muss)	jährlich	Krankenhausleitung,	Bilanz, GuV, Anlagennachweis, Rechenschaftsbericht, Anhang	Gesetzlich geregelt
(9) Wirtschaftsplan (Muss)	jährlich	Krankenhausleitung,, Erweitertes Direktorium	Planung nach WkkV: Erträge, Aufwendungen, Investitionen	Grundlage für unterjährigen Vergleich Wirtschaftsplan: Auswertung (5) + (7)
(10) 5-Jahresplan	jährlich	Krankenhausleitung, Leiter Rechnungswesen/Controlling, Assistent	Planung: Jahresergebnisse, Investitionen, Bilanzentwicklung, Entwicklung Eigenkapital, Liquidität	Frühzeitiges Erkennen von Chancen und Risiken, Abschätzen der Auswirkungen strategischer Maßnahmen
(11) DRG-Katalogeffekt	jährlich	Krankenhausleitung, Leiter Rechnungswesen/Controlling, stellvertretende Krankenhausleitung, Medizin-Management, Case-Manager	DRG-Katalogeffekt Vorjahr/lfd. Jahr	Verhandlungsunterlage zur Entgeltvereinbarung, Wertung CMI-Abweichung gegenüber dem Vorjahr

Controlling-Auswertungen	Auf Bedarf			
(12) DRG-Kostenträgerrechnung	Auf Bedarf	Krankenhausleitung, Leiter Rechnungswesen/Controlling, stellvertretende Krankenhausleitung, Medizin-Management, Case-Manager	DRG-Erlöse und Kosten nach DRG, Patient mit prozessorientierter Darstellung aller medizinischen, diagnostischen und therapeutischen Aktivitäten	Rentabilität der DRG, Analyse der Top-DRG (nach Gewinnen), der häufigsten DRG (rentabel oder nicht rentabel), Hintergrundanalyse zu Gewinn/Verlust auf Basis der INEK-Kostenträgerrechnung
(13) Leistungsübersicht	Auf Bedarf	Krankenhausleitung: Übersichten diagnostische und therapeutische Fachabteilungen: Detailauswertungen	Auswertungen nach Leistung, und/oder Empfänger	Kontrolle über erbrachte Leistungen, Hilfsmittel für Kapazitätsauslastung
(14) OP-Statistiken	Auf Bedarf	Krankenhausleitung: Übersichten Fachabteilungen: Detailauswertungen	OP-Patienten, Saalauslastung, Mitarbeiterkapazität für OPs	Kontrolle über erbrachte OP, Kapazitätsauslastung nach Abteilungen, OP-Sälen und Mitarbeiterbedarfsanalysen

(1) **Chefinfo DRG:** Vorstand, Chefärzte, Case-Manager und Medizin-Controller erhalten wöchentlich die zentralen DRG-Einflussgrößen wie Fallzahl, Casemix-Index, Casemix und deren Auswirkung auf den Umsatz.

Die wöchentliche Herausgabe ermöglicht ein schnelles Reagieren auf Störgrößen, sei es im Vorjahresvergleich oder hinsichtlich Unterschreiten des verhandelten Budgets nach KHEntgG. Der hier dargestellte Basisfallwert ist fiktiv.

Finanzmanagement im Krankenhaus

Tab. 2: Chefinfo DRG, wöchentlich

Zentraler DRG-Bericht
Das Gute Krankenhaus

Auswahlzeitraum 01.01.2010 bis 07.10.2010

Basisfallwert 2.987,50 €

	Vorjahresvergleich				Budgetvergleich		
	Jahr	Vorjahr	Abweichung	Kommentar	Vereinbarung	Abweichung	Kommentar
Aktueller Stand							
Anzahl DRG	7.429	6.984	445	++			
Tage gesamt	39.870	37.615	2.255	++			
Verweildauer	5,37	5,39	-0,02	++			
Casemix	7.288,229	6.627,443	660,786	++			
Casemix MiVWD	7.944,118	7.314,332	629,786	++			
CMI	0,981	0,949	0,032	++	0,947	0,034	++
CMI MiVWD	1,069	1,047	0,022	++			
CCL-Nebendiag./DRG	2,13	1,98	0,15	++			
OPS/DRG	1,98	1,77	0,21	++			
Beatmungsstunden	22115	22317	-202	– –			
DRG-Erlös	22.194.137,50 €	20.864.700,00 €	1.329.437,50 €	++			
nicht abgerechnet	87	89	-2	++			
Rückstand Tage	2,88	3,19	-0,31	++			
Hochrechnung							
DRG-Erlös	9.684	9.104	580	++	9.304	380	++
Casemix	9.500,727	8.639,345	861,382	++	8.810,888	689,839	++
DRG-Erlös	28.383.421,91 €	25.810.043,19 €	2.573.378,73 €	++	26.322.527,90 €	2.060.894,01 €	++

Analysebereich: Zielgruppenorientiertes Controlling

Chefinfo DRG Abteilungsebene: Jeder Chefarzt hat zusätzlich Einblick über seinen Verantwortungsbereich, den er zu steuern hat.

Tab. 3: Chefinfo DRG Abteilungsebene, wöchentlich

Zentraler DRG-Bericht
Das Gute Krankenhaus
Auswahlzeitraum 01.01.2010 bis 07.10.2010
Basisfallwert 2.987,50 €

	Vorjahresvergleich				Budgetvergleich		
	Jahr	Vorjahr	Abweichung	Kommentar	Vereinbarung	Abweichung	Kommentar
Aktueller Stand							
Anzahl DRG	2870	2.715	1555	++			
Tage gesamt	17.314	16.988	326	++			
Verweildauer	6,03	6,26	-0,22	++			
Casemix	2.914,542	2.733,857	180,658	++			
Casemix MiVWD	3.215,126	3.213,772	1,354	++			
CMI	1,016	1,007	0,009	++			
CMI MiVWD	1,120	1,184	0,063	++			
CCL-Nebendiag./DRG	1,87	1,66	0,21	++			
OPS/DRG	3,14	2,99	0,15	++			
Beatmungsstunden	1230	1320	-90	- -			
DRG-Erlös	8.574.125,000 €	8.111.062,50 €	463.062,50 €	++			
nicht abgerechnet	12	13	-1	++			
Rückstand Tage	2,66	2,78	-0,12				
Hochrechnung							
DRG-Erlös	3.741	3.539	202	++			
Casemix	3.700,314	3.563,778	235,536	++			
DRG-Erlös	11.350.450,58 €	10.646.786,78 €	703.663,80 €	++			

11 (2) **Auslastungsstatistik aktuell:** Parallel zur Chefinfo DRG lässt die wöchentliche Auslastungsstatistik auf die Entwicklung der Fallzahlen in den kommenden Wochen schließen. Sie rundet deshalb die Chefinfo DRG ab.

Tab. 4: Auslastungsstatistik, wöchentlich

Auslastungsstatistik   Datum   08.10.2010
Das Gute Krankenhaus

Abteilung	Patienten	Betten	Auslastung
Chirurgie	70	75	93,33 %
Innere Medizin	64	80	80,00 %
Hals/Nasen/Ohren	15	20	75,00 %
Summe:	149	175	85,14 %

12 (3) **Kontenübersicht:** Die wöchentliche Kontenübersicht gibt Aufschluss über den kurzfristigen Liquiditätsbedarf.

Tab. 5: Kontenübersicht

Kontostand zum	10.10.10		Ausstehende Zahlungsströme		Liquidität	Bemerkung
			Auszahlungen	Einzahlungen		
Krankenhaus 1						
Girokonto	170.000,00 €					
Geldmarktkonto	2.130.000,00 €	2.300.000,00 €	-670.000,00 €		1.630.000,00 €	Instandhaltung
Krankenhaus 2						
Girokonto	12.000,00 €					
Geldmarktkonto	172.500,00 €	184.500,00 €				
Krankenhaus 3						
Girokonto	287.000,00 €					
Geldmarktkonto	3.120.000,00 €	3.407.000,00 €	-2.100.000,00 €	1.700.000,00 €	3.007.000,00 €	Ablösung Kredit, Eingang Einzelfördermittel
Summe	5.891.500,00 €	5.891.500,00 €	-2.770.000,00 €	1.700.000,00 €	4.821.500,00 €	

13 (4) **Finanz-, Personal- und Medizin-Controlling:** Die Auswertungen des „Finanz-, Personal, und Medizin-Controlling" werden monatlich im Direktorium vorgestellt. Mögliche Ursachen für Auffälligkeiten werden diskutiert, Handlungsalternativen gemeinsam erarbeitet.

Finanzcontrolling:

Tab. 6: Finanzcontrolling, monatlich

Erträge	IST 10/2009	IST 10/2010	Abweichung Vorjahr (2) – (1)	Plan 10/2010	Abweichung IST/Plan (2) – (4)
abgerechnete DRG-Erträge	21.600.000,00	23.400.000,00	1.800.000,00	22.700.000,00	700.000,00
u. a. darin enthalten:					
Zusatzentgelte	16.500,00	28.000,00	11.500,00	26.800,00	1.200,00
Ambulante Erträge	945.000,00	922.000,00	-23.000,00	620.000,00	302.000,00
Wahlleistungen	750.000,00	820.000,00	70.000,00	780.000,00	40.000,00

	Spalte:	1	2	3	4	5
Kosten		IST 10/2009	IST 10/2010	Abweichung Vorjahr (2) – (1)	Plan 10/76 2010	Abweichung IST/Plan (2) – (4)
Personalaufwendungen		14.472.000,00	15.678.000,00	1.206.000,00	15.209.000,00	469.000,00
Sachaufwendungen		4.100.000,00	4.500.000,00	400.000,00	4.330.000,00	170.000,00
u. a. darin enthalten:						
Lebensmittel		170.000,00	182.000,00	12.000,00	172.000,00	10.000,00
Med. Bedarf		1.780.000,00	1.820.000,00	40.000,00	1.835.000,00	-15.000,00
Implantate		420.000,00	467.000,00	47.000,00	402.000,00	65.000,00
Wirtschaftsbedarf		82.000,00	81.000,00	-1.000,00	85.000,00	-4.000,00
Wasser/Energie/Brennstoffe		420.000,00	422.000,00	2.000,00	440.000,00	-18.000,00
Bezogene Leistungen		580.000,00	560.000,00	-20.000,00	590.000,00	-30.000,00

Personalstatistik:

Tab. 7: Personalstatistik, monatlich

Ist-Zahlen Personal:

Dienstart	IST 2008 Gesamt	IST 2009 Gesamt	IST 10/2010	Abweichung Vorjahr absolut
Ärzte	43,00	44,00	45,00	1,00
Pflegedienst	123,00	126,00	129,00	3,00
Med.-techn. Dienst	43,00	42,00	42,00	0,00
Funktionsdienst	46,00	47,00	48,00	1,00
Klinisches Hauspersonal	21,00	21,00	20,00	-1,00
Wirtschafts-/Versorgungsdienst	31,00	30,00	29,00	-1,00
Technischer Dienst	6,00	7,00	7,00	0,00
Verwaltungsdienst	39,00	40,00	42,00	2,00
Personal der Ausbildungsstätten	5,00	5,00	5,00	0,00
Sonstiges Personal (z. B. Prakt.)				
Gesamt	**357,00**	**362,00**	**367,00**	**5,00**

16 Medizin-Controlling:

Tab. 8: Aufwendungen Personal auf Ebene Dienstarten, monatlich

DRG-Auswertungen	IST 10/2009	IST 10/2010	Abweichung Vorjahr (2) – (1)	Vereinbarung 10/2010	Abweichung IST/Vereinbarung (2) – (4)
DRG-Fälle	7.355	7.924	569	7.850	74
CMI effektiv	0,925	0,946	0,021	0,948	-0,002
Casemix	6.803,375	7.496,104	692,729	7.442	54,304
Verweildauer	6,16	5,75	-0,41	n. v.	
Behandlungstage	45.307	45.563	256	n. v.	
Prozedurenindex	1,98	2,13	0,15	n. v.	
PCCL ND/DRG	1,69	1,51	-0,18	n. v.	

DRG-Umsatz	IST 10/2009	IST 10/2010	Abweichung Vorjahr	Vereinbarung 10/2010	Abweichung IST/Vereinbarung
Umsatz gesamt	20.291.065,94	22.357.130,18	2.066.064,24	16.895.208	5.461.922,68 €
Umsatzkorrektur UGVD	-755.000,00	-723.000,00	32.000,00	n. v.	
Umsatzkorrektur OGVD	185.000,00	164.000,00	-21.000,00	n. v.	
Umsatzkorrektur Verlegung	-320.000,00	-245.000,00	75.000,00	n. v.	
Zusatzentgelte	21.000,00	57.000,00	36.000,00	37.681	19.319,17 €
Abrechnungsrückstand (Tage)	4,3	2,8	-1,50	n. v.	

17 **(5) Jahresergebnisprognose mit Vorjahresvergleich:** Die monatliche Jahresergebnisprognose rechnet die Daten der Finanzbuchhaltung auf das Jahresergebnis hoch. Krankenhausspezifische Besonderheiten wie beispielsweise das Weihnachtsgehalt im November werden einbezogen, ebenso die Ausgleichsbeträge, Neutralisierungsbuchungen (Sonderposten) u. a. Jahresbuchungen. Ziel ist es, ggf. ein kurzfristiges Eingreifen auf negative Prognosen zu ermöglichen.

18 Eine Alternative zur Jahresergebnisprognose ist der Monatsabschluss.

19 **(6) Finanz-, Personal- und Medizin-Controlling für das Aufsichtsgremium:** Das Aufsichtsgremium des Krankenhauses erhält für seine Steuerung quartalsweise Informationen über die wichtigsten wirtschaftlichen Einflussfaktoren. Die Daten sind bewusst komprimiert und in einer für das Gremium verständlichen Form dargestellt.

Analysebereich: Zielgruppenorientiertes Controlling

Tab. 9: Jahresergebnisprognose mit Vorjahresvergleich

Prognoserechnung Das Gute Krankenhaus Vergleich Vorjahr	Jahr 2010		Monat von Monat bis	1 10	
	Istdaten bis Monat 10		Prognose bis 31.12.		
	2010	2009	2010	2009	Abweichung Progn.
Kosten	**-18.843.354,65**	**-17.039.244,99**	**-24.038.018,26**	**-22.203.416,09**	**-1.834.602,17**
* Personalaufwand	-12.859.111,61	-11.666.582,33	-16.523.958,42	-15.263.158,80	-1.260.799,62
** Ärztlicher Dienst	-3.396.468,98	-2.775.539,10	-4.364.462,64	-3.667.015,56	-697.447,08
** Pflegedienst	-4.017.652,29	-3.738.441,81	-5.162.683,19	-4.937.661,48	-225.021,71
** Mediz.-techn. Dienst	-1.144.044,94	-1.093.410,53	-1.470.097,75	-1.405.187,05	-64.910,70
** Funktionsdienst	-1.463.853,80	-1.347.946,76	-1.881.052,13	-1.774.421,62	-106.630,51
** Klinisches Hauspersonal	-445.081,81	-439.699,14	-571.930,13	-655.000,70	83.070,57
** Wirtschaft-, Versorgungsdienst	-634.401,62	-656.318,54	-815.206,08	-777.513,81	-37.692,27
** Technischer Dienst	-280.201,71	-255.445,16	-360.059,20	-263.514,67	-96.544,53
** Verwaltungsdienst	-1.353.925,57	-1.245.647,76	-1.739.794,36	-1.638.358,69	-101.435,67
** Sonderdienst	0,00	0,00	0,00	0,00	0,00
** Personal der Ausbildungsstätten	-111.280,18	-104.024,81	-142.995,03	-130.431,97	-12.563,06
** Sonstiges Personal	-12.200,71	-10.108,72	-15.677,91	-14.053,25	-1.624,66
* Materialaufwand	-3.821.994,06	-3.250.926,54	-4.586.392,87	-4.139.389,26	-447.003,61
** Aufw./Roh,-Hilfs,- und Betriebsstoffe	-2.996.648,59	-2.546.436,61	-3.595.978,31	-3.164.780,86	-431.197,45
*** Lebensmittel	-185.383,63	-178.877,82	-222.460,36	-231.640,71	9.180,35
*** Med. Bedarf ohne bezogene Leistungen	-2.283.301,59	-1.869.293,96	-2.739.961,91	-2.328.673,43	-411.288,48
**** Arzneimittel	-482.375,64	-417.758,88	-578.850,77	-523.550,54	-55.300,23
**** Sondennahrung	-6.644,13	-8.313,24	-7.972,96	-11.076,90	3.103,94
**** Blut, Blutkonserven, Blutplasma	-93.431,38	-78.656,26	-112.117,66	-96.500,51	-15.617,15
**** Verbandmittel	-39.624,95	-37.641,58	-47.549,94	-42.726,44	-4.823,50
**** Ärztliches Verbrauchsmaterial	-334.374,38	-299.714,99	-401.249,26	-364.891,54	-36.357,72
**** Narkose u. sonstiger OP-Bedarf	-536.112,62	-407.746,69	-643.335,14	-509.076,26	-134.258,88

Finanzmanagement im Krankenhaus

Tab. 9: *(Fortsetzung)*

	Istdaten bis Monat 10		Prognose bis 31.12.			Abweichung Progn.
	2010	2009	2010	2009		
* * * Röntgenbedarf	-15.573,49	-12.828,89	-18.688,19	-15.857,61		-2.830,58
* * * Laborbedarf	-208.973,03	-177.723,87	-250.767,64	-234.617,83		-16.149,81
* * * Bedarf für EKG, EEG	-12.399,20	-7.100,12	-14.879,04	-9.578,83		-5.300,21
* * * Bedarf Bäderabt., Physiotherapie	-719,48	-1.639,45	-863,38	-1.600,79		737,41
* * * Desinfektionsmittel	-32.249,69	-31.677,53	-38.699,63	-37.158,29		-1.541,34
* * * Implantate	-520.823,60	-388.492,46	-624.988,32	-482.037,89		-142.950,43
* * * Wasser, Energie, Brennstoffe	-444.349,42	-416.795,25	-533.219,30	-516.976,12		-16.243,18
* * * Wasser	-44.706,00	-47.469,00	-53.647,20	-59.611,65		5.964,45
* * * Elektrische Energie	-223.089,92	-230.460,70	-267.707,90	-274.268,04		6.560,14
* * * Brennstoffe, Heizöl, Gas	-176.553,50	-138.865,55	-211.864,20	-183.096,43		-28.767,77
* * * Wirtschaftsbedarf	-83.613,95	-81.469,58	-100.336,74	-87.490,60		-12.846,14
* * * Aufwendungen f. bezogene Leistungen	-825.345,47	-704.489,93	-990.414,56	-974.608,40		-15.806,16
* * * Lieferapotheke	-83.384,17	-77.287,60	-100.061,00	-97.725,61		-2.335,39
* * * Röntgen fremde Institute außer Amberg	-31.884,71	0,00	-38.261,65	0,00		-38.261,65
* * * Röntgen Radiologie Amberg	-20.500,00	-16.000,00	-24.600,00	-28.011,52		3.411,52
* * * Medizinische Untersuchungen	-193.832,48	-137.549,64	-232.598,98	-219.002,24		-13.596,74
* * * Konsiliarleistungen (z. B. OGA)	-342.200,65	-323.576,75	-410.640,78	-448.694,30		38.053,52
* * * Krankentransporte	-5.421,56	-2.769,65	-6.505,87	-5.912,57		-593,30
* * * Wäscherei/Reinigung	-148.121,90	-147.306,29	-177.746,28	-175.262,16		-2.484,12
* sonstige betriebliche Aufwendungen	-2.120.750,34	-2.081.881,20	-2.877.868,60	-2.656.570,36		-221.298,24
* * * Verwaltungsbedarf	-569.214,91	-601.879,50	-683.057,89	-745.708,65		62.650,76
* * * Bürobedarf	-99.473,29	-94.739,66	-119.367,95	-116.234,18		-3.133,77
* * * Logistik	-866,53	-922,99	-1.039,84	-1.051,62		11,78
* * * Telefon/Rundfunk/Fernsehen	-34.814,81	-35.297,56	-41.777,77	-49.526,53		7.748,76
* * * Reisekosten, Spesen	-7.986,73	-6.175,17	-9.584,08	-7.858,77		-1.725,31

Analysebereich: Zielgruppenorientiertes Controlling

*** Personalbeschaffungskosten	-32.839,72	-78.150,26	-39.407,66	-77.225,49	37.817,83
*** Prüfungs-/Gerichts-/Anwaltskosten	-111.035,99	-112.517,13	-133.243,19	-169.544,50	36.301,31
*** Beträge/Ehrungen	-55.319,82	-38.290,28	-66.383,78	-52.418,25	-13.965,53
*** EDV AKDB	-211.344,30	-220.537,45	-253.613,16	-233.964,59	-19.648,57
*** Sonstiges	-15.533,72	-15.249,00	-18.640,46	-37.884,72	19.244,26
*** Aufwendungen für zentrale Dienstleistungen	0,00	0,00	0,00	-11.504,06	11.504,06
*** Instandhaltung	-947.528,00	-630.380,04	-1.267.033,60	-724.673,37	-542.360,23
*** Steuern, Abgaben, Versicherungen	-324.464,11	-333.999,35	-353.689,94	-353.689,94	0,00
*** sonstige ordentliche Aufwendungen	-228.014,94	-345.477,05	-273.617,93	-521.545,10	247.927,17
*** Ausbildung, Fortbildung	-86.147,09	-78.594,52	-103.376,51	-89.393,50	-13.983,01
*** Abführungen	-76.792,95	-216.634,28	-92.151,54	-277.616,69	185.465,15
*** Sonstiges	-65.074,90	-50.248,25	-78.089,88	-154.534,91	76.445,03
*** Übrige Aufwendungen	-51.528,38	-170.145,26	-300.469,24	-299.449,24	-1.020,00
*** periodisch	-1.100,00	-300,00	-1.320,00	-300,00	-1.020,00
*** periodenfremd	-50.428,38	-169.845,26	-299.149,24	-299.149,24	0,00
* Zinsen und ähnliche Aufwendungen (KGR.74)	-41.498,64	-39.854,92	-49.798,37	-144.297,67	94.499,30
** Betriebsmittelkredite	-41.498,64	-39.854,92	-49.798,37	-144.297,67	94.499,30
** Abschr. auf Finanzanl./Wertpap.d. Umlaufvermögens	0,00	0,00	0,00	0,00	0,00
** außerordentliche Aufwendungen (KUGr. 792)	0,00	0,00	0,00	0,00	0,00
Erlöse	**18.954.543,76**	**15.817.883,53**	**23.429.808,60**	**22.555.567,15**	**874.241,45**
* DRG-Erlöse	17.108.484,87	14.230.897,28	19.236.098,26	17.926.123,78	1.309.974,48
* Ausbildungsbudget, AiP/AZ	672.767,94	679.317,70	917.147,44	854.318,01	62.829,43
** Ausbildung	513.833,36	490.672,46	726.425,94	622.766,48	103.659,46
** AiP/AZ	158.934,58	188.645,24	190.721,50	231.551,53	-40.830,03
* Vor-/nachstationäre Leistungen	13.825,61	8.264,34	16.590,73	10.448,03	6.142,70
* DRG-/QS-Zuschlag, Bundesausschuss	20.241,90	16.021,36	24.290,28	19.687,92	4.602,36
* Erh./Verring.d. Best. fertig./unfertig Erzeu/Leist	0,00	0,00	0,00	160.593,73	-160.593,73
* Erlöse aus Wahlleistungen (KGr.41)	57.384,77	49.309,48	453.763,23	444.670,75	9.092,48
** Ärztliche Wahlleistungen	0,00	0,00	358.547,10	358.547,10	0,00
** Einzelzimmer	39.755,88	30.781,98	47.707,06	38.750,74	8.956,32

Tab. 9: (Fortsetzung)

	Istdaten bis Monat 10		Prognose bis 31.12.			Abweichung Progn.
	2010	2009	2010	2009	2009	
** Nichtärztl. Wahlleistungen	17.628,89	18.527,50	21.154,67	21.018,50	21.018,50	136,17
** Telefon	0,00	0,00	26.354,41	26.354,41	26.354,41	0,00
* Erlöse aus ambulanten Leistungen (KGr.42)	537.927,24	501.258,90	645.512,69	932.453,38	932.453,38	-286.940,69
* Nutzungsentgelte/sons. Abgaben d. Ärzte (KGr.43)	45.700,65	71.664,44	502.129,36	502.129,36	502.129,36	0,00
* Sonstige betriebliche Erträge (KGr. 45,45....)	264.604,67	232.009,63	1.563.411,03	1.563.411,03	1.563.411,03	0,00
* periodenfremd	233.606,11	29.140,40	70.865,58	141.731,16	141.731,16	-70.865,58
Zwischensumme: Operatives Ergebnis	**111.189,11**	**-1.221.361,46**	**-608.209,66**	**352.151,06**	**352.151,06**	**-960.360,72**
Mehr-/Mindererlösausgleich			905.737,15	-450.788,00	-450.788,00	1.356.525,15
Zwischensumme: operatives Ergebnis nach Ausgleichen:			**297.527,49**	**-98.636,94**	**-98.636,94**	**396.164,43**
Zuschüsse/zinsähnliche Geschäfte/Steuern	12.399,18	157.757,18	157.757,18	157.757,18	157.757,18	0,00
* Zuweisungen und Zuschüsse d. öffl. Hand(KuGr.472)	11.228,23	157.201,83	157.201,83	157.201,83	157.201,83	0,00
* Aufw./Vermögensgegenständen d. Umlaufvermögens	0,00	0,00	0,00	0,00	0,00	0,00
* Erträge aus Beteiligungen (KUGr. 500, 521)	61,40	3.661,40	3.661,40	3.661,40	3.661,40	0,00
* Erträge aus Wertpap. u. Ausleih. des Finanzanlagev	0,00	0,00	0,00	0,00	0,00	0,00
sonstige Zinsen und ähnliche Erträge (KGr. 51)	6.503,71	8.708,87	8.708,87	8.708,87	8.708,87	0,00
außerordentliche Erträge (KUGr. 590)	0,00	0,00	0,00	0,00	0,00	0,00
* Steuern (KUGr. 730)	-5.394,16	-11.814,92	-11.814,92	-11.814,92	-11.814,92	0,00
Zwischensumme: Betriebliches Ergebnis:	**-38.383,88**	**-393.655,54**	**455.284,67**	**59.120,24**	**59.120,24**	**396.164,43**
Investiver Bereich: Förderung, AfA, Zinsaufw.						
* andere aktivierte Eigenleistungen (KUGr.552)	0,00	0,00	-297.795,58	-393.655,54	-393.655,54	0,00
* Zu-/Abgang von Anlagevermögen	-8.943,67	-33.646,58	-10.732,40	-33.646,58	-33.646,58	22.914,18
* Erträge aus Zuwend. z. Finanz. v. Investitionen	302.331,00	414.884,93	362.797,20	414.884,93	414.884,93	-52.087,73
* Erträge a. d. Einstellung v. Ausgleichsposten/Dar.	0,00	0,00	0,00	0,00	0,00	0,00
* Erträge/Auflösung v. Sonderposten (KUGr.490-491)	0,00	422.112,86	422.112,86	422.112,86	422.112,86	0,00
* Erträge aus d. Auflösung d. Ausgleichp./Darlehnsf.	0,00	0,00	0,00	0,00	0,00	0,00

Analysebereich: Zielgruppenorientiertes Controlling

* Aufwend. a. d. Zuführung zu Sonderposten/Verbindl.	-302.331,00	-362.797,20	125.033,51
* Aufwend. a. d. Zuführung zu Ausgleichsp./Darlehnf.	0,00	0,00	0,00
* Aufwend. f.d. geförderte Nutzung v. Anlagegegenst.	0,00	0,00	0,00
* Aufw./KHG geförderte, nicht aktivierungsf. Maßnah	-1.078,33	-652.401,08	0,00
** Instandhaltungen (Gr. 721)	0,00	0,00	0,00
** Abschreibungen (Gr. 760, 761)	-1.078,33	-652.401,08	0,00
* Zinsen auf Investitionskredite	-28.361,88	-56.774,96	0,00
Prognose Jahresergebnis:	**157.489,08**	**-334.535,30**	**492.024,38**

Liquidität	2010	2009	Abweichung Progn.
zahlungswirksame Erträge	23.530.790,82	22.656.549,37	874.241,45
zahlungswirksame Aufwendungen	-24.106.608,14	-22.272.005,97	-1.834.602,17
	-575.817,32	384.543,40	-960.360,72

Prognose kurz	2010	2009	Abweichung
Aufwendungen	-24.038.018,26	-22.203.416,09	-1.834.602,17
Erträge	23.429.808,60	22.555.567,15	874.241,45
Operatives Ergebnis	**-608.209,66**	**352.151,06**	**-960.360,72**
Mehr-/Mindererlösausgleich	905.737,15	-450.788,00	1.356.525,15
Zwischensumme: operatives Ergebnis nach Ausgleichen:	**297.527,49**	**-98.636,94**	**396.164,43**
Zuschüsse/zinsähnliche Geschäfte/Steuern	157.757,18	157.757,18	0,00
Zwischensumme: Betriebliches Ergebnis:	**455.284,67**	**59.120,24**	**396.164,43**
Investiver Bereich: Förderung, AfA, Zinsaufw.	-297.795,58	-393.655,54	0,00
Jahresergebnis	**157.489,08**	**-334.535,30**	**492.024,38**

Tab. 10: Quartalsübersicht für das Aufsichtsgremium

Stand: 10/2010

Spalte:	1	2	3
DRG-Auswertungen	IST 10/2009	IST 10/2010	Abweichung Vorjahr (2) – (1)
DRG-Fälle	7.355	7.924	569
Casemix	6.803,375	7.496,104	692,729
Verweildauer	6,16	5,75	-0,41
Behandlungstage	45.307	45.563	256

DRG-Umsatz	IST 10/2009	IST 10/2010	Abweichung Vorjahr
Umsatz gesamt	20.291.065,94	22.357.130,18	2.066.064,24
Zusatzentgelte	21.000,00	57.000,00	36.000,00
Abrechnungsrückstand (Tage)	4,3	2,8	-1,50

20 **(7) DRG-Controllingbericht:** Auf eine ausführliche Darstellung des Wirtschaftsplans wird verzichtet. Der Umfang des Berichtes sprengt die knappe Darstellungsform dieses Fachbuches. Wichtigster Bestandteil ist die Kommentierung wichtiger Störgrößen und Erfolge sowie die Ableitung von Handlungsempfehlungen.

21 **(8) Wirtschaftsplan (Muss):** Auf eine ausführliche Darstellung des Wirtschaftsplans wird verzichtet. Er ist im Kommunalbereich formgebunden.

22 **(9) Jahresabschluss (Muss):** Auf eine ausführliche Darstellung des Jahresabschlusses wird verzichtet. Er ist im Handelsgesetzbuch detailliert vorgeschrieben.

23 **(10) 5-Jahresplan:** Zum 5-Jahresplan wird auf Kapitel 3.7.1 verwiesen.

24 **(11) DRG-Katalogeffekt:** Die jährliche Ermittlung des Katalogeffektes ist ein Hinweis an Chefärzte, Case-Manager und Medizin-Controller, wie die Leistung des laufenden Jahres im nachfolgenden Jahr bewertet wird. Absenkungen sind ein Warnsignal. Seit Einführung des landeseinheitlichen Basisfallwertes ist eine Veränderung des Casemix aufgrund des Katalogeffektes zu 100 Prozent wirksam. Absenkungen können nur durch Mehrleistungen ausgeglichen werden.

Tab. 11: Katalogeffekt, jährlich

	Istdaten		
	Kat 2009	Kat 2010	Differenz
Patienten	7.850	7.850	0
casemix nominell	7631,175	7652,889	21,714
CMI nominell	0,972	0,975	0,003
Casemix	7315,975	7374,664	58,689
CMI	0,932	0,939	0,007

(12) **DRG-Kostenträgerrechnung** (**Auszug unterjährig**): Zur Erläuterung wird auf das Kapitel 3.4 verwiesen.

Tab. 12: DRG-Kostenträgerrechnung, Auszug

DRG	DRG Bezeichnung	Gewinn	DRG-Erlöse	Kosten	Fallzahl	1	2	3	4a	4b	5
		2.442.107,75	27.368.450,17	24.926.342,42	8275	2.206.540,50	3.169.827,38	12.690.931,64	625.851,41	88.628,31	74.535,82
A11E	Beatmung > 249 und < 500 Stunden ohne komplexe OR-Prozedur, mit bestimmter OR-Prozedur oder komplizierenden Prozeduren oder intensivmedizinischer Komplexbehandlung > 1104 Aufwandspunkte oder Alter < 6 Jahre	19.643,93	28.566,57	8.922,64	1	1.095,81	2.129,25	1.960,03	327,91	89,23	62,69
G03B	Große Eingriffe an Magen, Ösophagus und Duodenum ohne hochkomplexen Eingriff, ohne komplizierende Prozeduren, außer bei bestimmter bösartiger Neubildung	8.303,45	11.262,98	2.959,53	1	464,89	527,23	272,08	83,09	178,46	0,00
I68C	Nicht operativ behandelte Erkrankungen und Verletzungen im Wirbelsäulenbereich, mehr als ein Belegungstag, Alter > 55 Jahre oder äußerst schwere oder schwere CC, ohne komplexe Diagnose oder andere Frakturen am Femur	-120,67	2.130,69	2.251,36	1	202,63	252,32	753,05	34,83	0,00	0,00
901B	Ausgedehnte ORProzedur ohne Bezug zur Hauptdiagnose ohne komplizierende Konstellation, ohne Strahlentherapie, mit komplexer OR-Prozedur	2.052,88	9.790,84	7.737,96	1	1.027,50	1.653,71	1.072,23	264,62	89,23	3,92
901D	Ausgedehnte ORProzedur ohne Bezug zur Hauptdiagnose ohne komplizierende Konstellation, ohne Strahlentherapie, ohne komplexe OR-Prozedur, ohne anderen Eingriff an Kopf und Wirbelsäule, Alter > 0 Jahre, außer bei Para-/Tetraplegie	5.327,61	28.622,03	23.294,42	5	2.260,38	5.224,50	2.237,52	762,27	89,23	0,00

Tab. 12: *(Fortsetzung)*

DRG	DRG Bezeichnung	Gewinn	DRG-Erlöse	Kosten	Fallzahl	1	2	3	4a	4b	5
902Z	Nicht ausgedehnte ORProzedur ohne Bezug zur Hauptdiagnose	-1.782,26	11.386,70	13.168,96	3	1.837,69	3.537,07	1.174,60	551,34	0,00	0,52
A07C	Beatmung > 999 und < 1800 Stunden mit komplexer OR-Prozedur, ohne Polytrauma, ohne komplizierende Konstellation, Alter > 15 Jahre oder ohne komplexe OR-Prozedur oder Polytrauma, Alter > 15 Jahre, mit intensivmedizinischer Komplexbehandlung > 2208 Punkte	154.007,53	273.548,28	119.540,75	3	7.334,22	52.148,26	2.132,20	9.094,10	0,00	192,16
A09C	Beatmung > 499 und < 1000 Stunden mit kompl. OR-Proz. od. Polytrauma od. int. Komplexbeh. > 3220 P., ohne kompliz. Konst., Alter > 15 J., oder ohne kompl. OR-Proz., ohne Polytrauma, mit kompl. Konst. od. int. Komplexbeh. 2209 – 3220 P. oder Alter < 16 J.	18.995,74	54.828,70	35.832,96	1	2.435,02	14.494,11	987,42	3.534,32	981,53	473,51
A09D	Beatmung > 499 und < 1000 Stunden ohne komplexe OR-Prozedur, ohne Polytrauma, ohne angeborene Fehlbildung oder Tumorerkrankung oder Alter > 2 Jahre, ohne kompliz. Konstellation, Alter > 15 Jahre, mit intensivmed. Komplexbehandlung 1381 bis 2208 Punkte	223.297,63	348.525,12	125.227,49	7	7.394,75	49.244,87	3.418,52	8.874,57	624,61	291,76

Analysebereich: Zielgruppenorientiertes Controlling

Detailanalyse: Patientenprozesse aus der DRG-Kostenträgerrechnung; bei Bedarf lassen sich auch detaillierte Leistungsziffern einblenden:

Tab. 13: Kalkulierter Patientenprozess, auf Bedarf

Prozesskosten

L-Datum	Tag	erbringende Kostenstelle	Menge	EINHEIT	Preis	Kosten	LEISTTEXT
17.11.2009	-5		6,695	WERT	1	6,695	Restkosten zu den kalkulierten Kosten
17.11.2009	-5	Chir 2/Chirurgie II Allgemein/Viszeral	100	Punkte	0,025007	2,5007	Leistungspunkte nach – GOÄ
17.11.2009	-5	Labor	60	Punkte	0,025007	1,50042	Leistungspunkte nach – GOÄ
17.11.2009	-5	Labor	60	Punkte	0,025007	1,50042	Leistungspunkte nach – GOÄ
17.11.2009	-5	Labor	60	Punkte	0,025007	1,50042	Leistungspunkte nach – GOÄ
17.11.2009	-5	Labor	30	Punkte	0,025007	0,75021	Leistungspunkte nach – GOÄ
17.11.2009	-5	Labor	30	Punkte	0,025007	0,75021	Leistungspunkte nach – GOÄ
17.11.2009	-5	Labor	40	Punkte	0,025007	1,00028	Leistungspunkte nach – GOÄ
17.11.2009	-5	Labor	40	Punkte	0,025007	1,00028	Leistungspunkte nach – GOÄ
17.11.2009	-5	Labor	50	Punkte	0,025007	1,25035	Leistungspunkte nach – GOÄ
17.11.2009	-5	Labor	50	Punkte	0,025007	1,25035	Leistungspunkte nach – GOÄ
17.11.2009	-5	Labor	200	Punkte	0,025007	5,0014	Leistungspunkte nach – GOÄ
18.11.2009	-4	Labor	300	Punkte	0,025007	7,5021	Leistungspunkte nach – GOÄ
18.11.2009	-4	Labor	500	Punkte	0,025007	12,5035	Leistungspunkte nach – GOÄ
18.11.2009	-4	Labor	200	Punkte	0,025007	5,0014	Leistungspunkte nach – GOÄ
18.11.2009	-4	Labor	200	Punkte	0,025007	5,0014	Leistungspunkte nach – GOÄ
23.11.2009	1	Chir 2/Chirurgie II Allgemein/Viszeral	6,695	WERT	1	6,695	Restkosten zu den kalkulierten Kosten
23.11.2009	1	Chir 2/Chirurgie II Allgemein/Viszeral	1	Tage	122,00034	122,000335	vollstationäre Pflegetage Hauptabteilung
23.11.2009	1	Chir 2/Chirurgie II Allgemein/Viszeral	1	FALL	13,683686	13,683686	vollstationäre Stationsfälle
23.11.2009	1	Chir 2/Chirurgie II Allgemein/Viszeral	134	Minuten	0,82037	109,92958	Pflegeminuten
23.11.2009	1	OP	45	Minuten	2,988156	134,46702	501 Schnitt-Naht-Zeit
23.11.2009	1	OP	85	Minuten	2,608703	221,739755	507 Anästhesie-Präsenz

Tab. 13: *(Fortsetzung)*

Prozesskosten

L-Datum	Tag	erbringende Kostenstelle	Menge	EINHEIT	Preis	Kosten	LEISTTEXT
23.11.2009	1	OP	52	Minuten	1,218909	63,383268	550 Operateur-Team-Zeit
23.11.2009	1	OP	85	Minuten	3,887165	330,409025	551 Anästhesist-Team-Zeit
23.11.2009	1	OP	52	Minuten	1,218909	63,383268	552 Assistenz-Team-Zeit
23.11.2009	1	OP	111	Minuten	0,58347	64,76517	554 Instrumentierer-Team-Zeit
23.11.2009	1	OP	111	Minuten	0,58347	64,76517	554 Instrumentierer-Team-Zeit
23.11.2009	1	OP	111	Minuten	0,58347	64,76517	554 Instrumentierer-Team-Zeit
23.11.2009	1	OP	111	Minuten	0,58347	64,76517	555 Springer-Team-Zeit
24.11.2009	2	Chir 2/Chirurgie II Allgemein/Viszeral	6,695	WERT	1	6,695	Restkosten zu den kalkulierten Kosten
24.11.2009	2	Chir 2/Chirurgie II Allgemein/Viszeral	1	Tage	122,00034	122,000335	vollstationäre Pflegetage Hauptabteilung
24.11.2009	2	Chir 2/Chirurgie II Allgemein/Viszeral	92	Minuten	0,82037	75,47404	Pflegeminuten
25.11.2009	3	Chir 2/Chirurgie II Allgemein/Viszeral	6,695	WERT	1	6,695	Restkosten zu den kalkulierten Kosten
25.11.2009	3	Chir 2/Chirurgie II Allgemein/Viszeral	1	Tage	122,00034	122,000335	vollstationäre Pflegetage Hauptabteilung
25.11.2009	3	Labor	100	Punkte	0,025007	2,5007	Leistungspunkte nach – GOÄ
25.11.2009	3	Labor	60	Punkte	0,025007	1,50042	Leistungspunkte nach – GOÄ
25.11.2009	3	Labor	60	Punkte	0,025007	1,50042	Leistungspunkte nach – GOÄ
25.11.2009	3	Labor	40	Punkte	0,025007	1,00028	Leistungspunkte nach – GOÄ
25.11.2009	3	Labor	40	Punkte	0,025007	1,00028	Leistungspunkte nach – GOÄ
25.11.2009	3	Labor	40	Punkte	0,025007	1,00028	Leistungspunkte nach – GOÄ
25.11.2009	3	Labor	40	Punkte	0,025007	1,00028	Leistungspunkte nach – GOÄ
25.11.2009	3	Labor	40	Punkte	0,025007	1,00028	Leistungspunkte nach – GOÄ

(13) **Leistungsübersicht:** Leistungsübersichten erläutern den Führungskräften der diagnostischen und therapeutischen Abteilungen Veränderungen in ihrem Leistungsangebot, ggf. als Begründung für veränderten Personal- und Sachmittelbedarf.

Tab. 14: Leistungsübersicht im Überblick, auf Bedarf

	Anzahl	Punkte
	422.919	44.676.842
Katalogbezeichnung	**Anzahl**	**Punkte**
Physiotherapie intern	23.968	7.140
Kreissaal	256	92.160
Anästhesieleistungen	7.548	173.640
Ultraschalluntersuchungen	3.982	1.583.360
Einheitlicher Bewertungsmaßstab 2008	32	0
Endoskopie	10.879	5.265.058
Einheitlicher Bewertungsmaßstab 2009	16.154	0
ZPA Leistungen	900	0
Kardiologie	9.185	4.614.198
Intensivmedizin	1.040	3.825
Gebührenordnung für Ärzte	348.975	32.937.461

(14) **OP-Statistiken (hier: stationäre Fälle):** Operationsstatistiken erläutern den Führungskräften im operativen Bereich Veränderungen zum operativen Leistungsangebot, ggf. als Begründung für veränderten Personal- und Sachmittelbedarf.

Tab. 15: OP-Statistiken im Überblick, auf Bedarf

OPS-Kapitel	OPS-Kapitel Bezeichnung	Anzahl Leistungen	Anz. Pat
1	DIAGNOSTISCHE MASSNAHMEN	188	146
3	BILDGEBENDE DIAGNOSTIK	2	2
5	OPERATIONEN	4949	2530
8	NICHTOPERATIVE THERAPEUTISCHE MASSNAHMEN	305	283
9	ERGÄNZENDE MASSNAHMEN	1	1

3 Steuerungsgrößen

3.1 DRG-Einflussgrößen

3.1.1 DRG-Fallpauschalensystem: Fluch oder Segen?

29 Je nach Umgang mit diesem Abrechnungssystem: Sie können gewinnen und verlieren!

30 Auf die Kodierung kommt es an. Die gleiche Hauptdiagnose, ausreichend oder nicht ausreichend um ccl-relevante Nebendiagnosen und OPS-Kodes ergänzt, verändert den Umsatz erheblich. Was nicht behandelt und nicht diagnostiziert wurde, kann auch nicht abgerechnet werden. Trotzdem liegt die Vermutung nahe, dass viele Krankenhäuser derzeit Geld verlieren, weil in der Hektik des Alltags nicht alles kodiert wurde:

Einflussgrößen der DRG-Fallpauschale: Der Kodierer wird Abrechner

Kodierung führt zur DRG ...

F13A	O	Amputation bei Kreislauferkrankungen an oberer Extremität und Zehen mit äußerst schweren CC und mehrzeitigen Revisions- oder Rekonstruktionseingriffen	4,064
F13B	O	Amputation bei Kreislauferkrankungen an oberer Extremität und Zehen mit äußerst schweren CC, ohne mehrzeitige Revisions- oder Rekonstruktionseingriffe	1,777
F13C	O	Amputation bei Kreislauferkrankungen an oberer Extremität und Zehen ohne äußerst schwere CC	1,374

... DRG führt zur Abrechnung, Beispiel 2010

DRG	CMI	Basisfallwert	Preis	Abweichung zu: F13A
F13A	4,064	2982,50	12120,88	0,00
F13B	1,777	2982,50	5299,90	-6820,98
F13C	1,374	2982,50	4097,96	-8022,93

Abb. 1: Einfluss der Kodierung auf den Umsatz der DRG F13x, Beispiel 2010, Landesbasisfallwert Bundesland Bayern

31 Geht es bei einer DRG um einstellige Tausender-Umsätze, summieren sich diese auf Krankenhausebene zu gewaltigen Beträgen. Am Beispiel eines Krankenhauses der Grund- und Regelversorgung wird verdeutlicht: Eine Veränderung des Casemix-Index um 0,01 bewirkt +/- 247.000 EUR Umsatz, eine Veränderung des Casemix-Index um 0,03 bringt bereits +/- 742.000 EUR Umsatz.

Kleine Veränderungen, große Wirkung			
Jahr 2010			
2. Nachkommastelle +/- 1			
Fälle	8300	8300	8300
durchschnittlicher CMI	0,912	0,902	0,922
Basisfallwert	2.982,50	2.982,50	2.982,50
Umsatz (Fälle*CMI*Basisfallwert)	22.576.332,00	22.328.784,50	22.823.879,50
		-247.547,50	247.547,50
2. Nachkommastelle +/- 3			
Fälle	8300	8300	8300
durchschnittlicher CMI	0,912	0,882	0,942
Basisfallwert	2.982,50	2.982,50	2.982,50
Umsatz (Fälle*CMI*Basisfallwert)	22.576.332,00	21.833.689,50	23.318.974,50
		-742.642,50	742.642,50

Abb. 2: Auswirkung CMI auf den Umsatz des Krankenhauses, Beispiel 8300 Patienten

Nach Einführung des Case-Management konnte ein Krankenhaus beachtliche Kodiererfolge mit Verbesserung des Casemix-Index im Umfang von 0,016 bzw. 375.000 EUR erzielen.

Kleine Veränderungen, große Wirkung beim Casemixindex: Jahr 2009: CMI +0,016 * 7.850 Fälle * 2.982,50 = + 396 Tsd. Euro					
	2010	2009	Differenz	Basisfallwert	Umsatzsteigerung
Falleffekt	8300	7850	450	2982,5	1.203.886
Kodiereffekt	0,913	0,897	0,016	2982,5	396.076
					1.599.962

Abb. 3: Auswirkung CMI auf den Umsatz des Krankenhauses, Beispiel 8300 Patienten

Hier sei ein erster Vergleich angebracht. Möchte man das Jahresergebnis nicht durch verbesserte Kodierung sondern durch Kosteneinsparungen erreichen, sind mindestens einzusparen:

- Ca. 3 sehr erfahrene Oberärzte,
- oder ca. 8 examinierte Pflegekräfte.

3.2 Entgeltverhandlungen

34 Kein Jahr ohne gesetzliche Änderung bei den Entgeltverhandlungen nach KHEntgG! Unbeständigkeit ist das zentrale Kennzeichen jeder Entgeltverhandlung:

35 Die Entwicklung des Basisfallwertes: Bis 2008 Konvergenz an den landeseinheitlichen Basisfallwert im Rahmen eines krankenhausindividuellen Basisfallwertes nach § 3 Abs. 3 Satz 4 Nr. 1 KHEntgG, im Jahr 2009 mit Ab- oder Zuschlag Konvergenz nach § 5 Abs. 6 KHEntgG, seit 2010 Wegfall der Konvergenz; die Diskussion um Ersatz des landeseinheitlichen durch einen bundeseinheitlichen Basisfallwertes ist noch nicht abgeschlossen.

Die Entwicklung der Mehr-/Mindererlöseausgleiche: Bis 2009 Mehrerlösabschläge zwischen 65 % bis 100 % (kodierbedingt) nach § 4 Abs. 9 KHEntgG, ab 2010 Mehrerlösabschläge fest zu 65 % nach § 15 Abs. 3 KHEntgG. Bis 2006 Mindererlösausgleiche in Höhe von 40 %, ab 2007 Mindererlösausgleiche in Höhe von 20 % nach § 4 Abs. 9 S. 2 KHEntgG.

36 Die Entwicklung der Mehrleistungsabschläge: Von 2004 bis 2008 gesetzlich feste Prozentquoten für Mehrleistungsabschläge nach § 4 Abs. 4 Satz 2 KHEntgG, 2009 frei verhandelbare Mehrleistungsabschläge nach § 4 Abs. 2a KHEntgG, 2010 Wegfall der Mehrleistungsabschläge, ab 2011 Wiedereinführung mit einem Prozentsatz von voraussichtlich 30 %, ab 2012 wieder frei zu verhandelnde Mehrleistungsabschläge.

37 Die Entwicklung des Ausbildungsbudgets: Bis 2004 DRG-Entgelte unter Einbezug der Ausbildung, ab 2005 Ausgliederung eines eigenen Ausbildungsbudgets nach § 4 Abs. 2, Nr. 1g KHEntgG.

38 Die Entwicklung des Zuschlages zur Verbesserung der Arbeitszeitbedingungen: Einführung des Zuschlags zur Verbesserung der Arbeitszeitbedingungen im Jahr 2003 nach § 4 Abs. 13 KHEntgG, Überführung dieser Kosten im Jahr 2010 in den Betrag des landeseinheitlichen Basisfallwertes.

39 Die Entwicklung des Zuschlages für Ärzte im Praktikum: Einführung des Zuschlags für Ärzte im Praktikum im Jahr 2004 nach § 4 Abs. 14 KHEntgG, Überführung dieser Kosten im Jahr 2009 in den Betrag des landeseinheitlichen Basisfallwertes.

40 Die Entwicklung des Zuschlages zur Finanzierung von Mehrpflegepersonals: Einführung des Zuschlags zur Finanzierung von Pflegemehrpersonal im Jahr 2009 nach § 4 Abs. 10 KHEntgG.

41 Diese Veränderungen sind nicht vollständig, sie veranschaulichen aber deutlich den Wandel der Entgeltverhandlungen bzw. -vereinbarungen.

So ändern sich Jahr für Jahr auch die Verhandlungsstrategien. War es in den Jahren 2004 bis 2008 sinnvoll, einen hohen negativen Katalogeffekt auszuhandeln, um für das gleiche Budget mittels Erhöhung des krankenhausindividuellen Basisfallwertes weniger Leistung erbringen zu müssen, so stellt sich die Situation seit dem Jahr 2009 umgekehrt dar: Jeder negative Katalogeffekt verringert bei gleichem Landesbasisfallwert das auszuhandelnde Budget nach KHEntgG. Ein Ausgleich ist lediglich durch Vereinbarung von Mehrleistungen möglich. 42

Intensivste Vorbereitungen auf die Entgeltverhandlungen zahlen sich aus. Es geht zum Teil um Millionenbeträge sowie korrespondierende Steigerungs- bzw. Senkungsraten, die in gleichem Umfang im Kostenbereich nur schwer auszugleichen sind. 43

Das Verhandlungsergebnis eines Krankenhauses der Grund- und Regelversorgung mit 177 Betten im Jahr 2009 mit einer Steigerung um 4 Mio. EUR mag dies verdeutlichen. Dabei sind die hier abgebildeten Zahlen jedoch verändert. 44

Um 4 Mio. EUR alternativ einzusparen, statt mehr zu erlösen, müssen Sie 45

- ca. 85 Pflegekräfte, oder
- ca. 33 erfahrene Oberärzte einsparen.

Intensive Vorbereitung auf die Entgeltverhandlung ist also unabdingbare Voraussetzung für den Verhandlungserfolg. Am Beispiel des oben dargestellten Verhandlungsergebnisses wird dies sichtbar: Die Kalkulationen und Dokumentationen der betreffenden Entgeltverhandlung umfassten ein Datenmaterial im Umfang von 1 Gigabyte und eine Vorbereitungszeit von 2 Vollzeitmonaten. Der Aufwand hat sich letztlich gelohnt. 46

Tab. 16: Verhandlungsergebnis durch Vereinbarung umfangreicher Mehrleistungen

	Forderung 2011	Ergebnis 2011	Ergebnis 2010	Differenz 11/10	Steigerung	Differenz Ford.
Budget ohne Ausgleiche (nach Konvergenz)	24.364.567	24.071.018	18.558.778	5.512.240	29,70 %	-293.549
Mehr-/Mindererlösausgleich	-817.132	-817.132	200.123	-1.017.255	-508,31 %	0
Zusätzliche Budgets (ind. DRG/ZE, …)	470.000,00	415.000,00	239.948	175.052	72,95 %	-55.000
Abschlag Falleinkauf	-850.000,00	-920.000,00	0	-920.000		-70.000
Ausbildungsbudget	980.000,00	950.000,00	700.000	250.000	35,71 %	-30.000
Summe	24.147.435	23.698.886	19.698.849	4.000.037	20,31 %	-448.549
Fälle	2.935	2.935,49	2.729,23	206,26	7,56 %	-113
Casemix (Punkte)	8.063	7.950	7.347	603	8,21 %	-100.000
Casemix (Punkte)	8.300,000	8.200,000	6.800,000	1.400,000	20,59 %	-100,000
CMI (Punkte je DRG)	0,956	0,956	0,830	0,126	15,18 %	0,000

Die nachfolgenden Tipps sind Empfehlungen, die Sie krankenhausindividuell überprüfen und angleichen sollten.

- **Übersicht:** Behalten Sie den Überblick. Halten Sie sämtliche Verhandlungsdaten über Links in einer Übersicht bereit – Sie können auf jedes Argument der Krankenkassen umgehend mit Berechnungen reagieren:

Tab. 17: Übersicht aller Verhandlungsdateien mit entsprechender Verknüpfung

Übersicht Budgetverhandlungen 2009

Das Gute Krankenhaus

A) Verhandlungsunterlagen	
AEB Forderung	Link Nr. 1
AEB i.d.Verhandlung entwickeln	Link Nr. 2
	Link Nr. 3
E1_plus 2009	Link Nr. 4
Ausbildungsbudget Forderung	Link Nr. 5
Ausbildungsbudget Vereinb. entwickeln	Link Nr. 6
	Link Nr. 7
Zuschlag Pflegepersonal	Link Nr. 8
Betriebsvereinbarung Pflegepersonal Seite 1	Link Nr. 9
Betriebsvereinbarung Pflegepersonal Seite 2	Link Nr. 10
	Link Nr. 11
Anschreiben	Link Nr. 12
Status	Link Nr. 13
B) CMI	
Strategie, Simulation	Link Nr. 14
Ist-Katalogeffekt Sulzbach	Link Nr. 15
Fallzahlen	Link Nr. 16
Nebenrechnung Falleinkauf	Link Nr. 17
Falleinkaufsdaten Kassenebene	Link Nr. 18
Unterfinanzierung	Link Nr. 19
Verändertes Leistungsspektrum	Link Nr. 20
Abschlag Mehrleistungen: „Soll"	Link Nr. 21
Umsatzauswirkungen CMI	Link Nr. 22
Leistungseffekt statt Kodiereffekt	Link Nr. 23
Patienten ACCESS Auskunft	Link Nr. 24
MDK-Fälle im Vorjahr: Rechnungskürzungen	Link Nr. 25

Tab. 17: *(Fortsetzung)*

C) Sonstige Entgelte	
Leistungsverlagerung Sulzbach ind. DRG → DRG	Leistungsverlagerung.xls
Zusatzentgelte: Forderung mit Dosierang.	Link Nr. 26
Individuelle Entgelte nach § 6 Abs. 3 KHEntG	Link Nr. 27
Individuelle Entgelte nach § 6 Abs. 3 KHEntG	Link Nr. 28
Individuelles Zusatzentgelt ZE 2009-08	Link Nr. 29
Individuelles Zusatzentgelt ZE 2009-25	Link Nr. 30
Kalkulationsempfehlung INEK 11.11.2005	Link Nr. 31
Kodierhinweise individuelle Zusatzentgelte	Link Nr. 32
Individuelle Zusatzentgelte im Vergleich	Link Nr. 33
NUB-Kalkulation	Link Nr. 34
Zulassung zur NUB	Link Nr. 35
Hinweise	Link Nr. 36
Abschlag § 4 Abs 2a S 2-3 Tariferhöhung	Link Nr. 37
D) DRG-Profil, Validität, Testat	
Erlösverprobung	Link Nr. 38
Testatkalkulation Ausbildungsbudget	Link Nr. 39
E1 Istdaten Vorjahr	Link Nr. 40
E) Ausgleichsberechnungen alte Geschäftsjahre: endgültiger Ausgleich	
Endgültiger Ausgleich D51	Link Nr. 41
Erlösverprobung	Link Nr. 42
F.) Änderung Leistungsprofil: Steigerungs-/Senkungstatbestände	
Senkungstatbestände	entfällt
Falleinkauf	Link Nr. 43
Nebenrechnung Falleinkauf	Link Nr. 44
Rechnungskorrekturen Vorjahr	Link Nr. 45
Prognose	Link Nr. 46
Konsiliarleistungen	Link Nr. 47
Fallzahlen	Link Nr. 48
Mindestmende Knie-Teps	Link Nr. 49
G.) Recht, Bestätigungen	
Maximaler Abschlag Falleinkauf Schiedsstelle	Link Nr. 50
Hochrechnung für Falleinkauf Schiedsstelle	Link Nr. 51
KHEntgG 2009	Link Nr. 52
Landesbasisfallwert	Link Nr. 53
Strukturvoraussetzungen Komplexbehandlungskodes	Link Nr. 54

I.) Forderungsvarianten AEB Katalogeffekt und Falleinkauf, Nebenrechnungen	
Komplexbehandlungs-DRGs Ist insgesamt	Link Nr. 55
Komplexbehandlungs-DRGs Forderung	Link Nr. 56
Intensivmedizinische Komplexbehandlungs-DRG	Link Nr. 57
Intensivmed. Komplexbehandlungs-DRG Ist 08	Link Nr. 58
Intensivmed. Komplexbehandlungs-DRG Ist 09	Link Nr. 59
Regelung Dienstpläne	Link Nr. 60
Checkliste zur Abfrage der Strukturmerkmale	Link Nr. 61
Ger. Frührehabilitation	Link Nr. 62
Checkliste zur Abfrage der Strukturmerkmale	Link Nr. 63
Fortschreibung Ausbildungsbudget 2005-2009	Link Nr. 64
Ausbildungsstätte Berechnungen/Limit	Link Nr. 65
Ausbildungsstätte: Praxisanleitung Std. pro Jahr	Link Nr. 66
Ausbildungsstättte Berechnungsschema DKG	Link Nr. 67
Potential Geriatrische Frührehabilitation	Link Nr. 68
Individuelle DRG (Vergleich BKG/INEK)	Link Nr. 69
Nierenersatzverfahren	Link Nr. 70
Modulare Endoprothesen	Link Nr. 71

- **Verhandlungszwischenstand:** Arbeiten Sie mit zwei Kalkulationspropgrammen, d. h. zwei AEB-Programmen oder E1-Programmen:
  - AEB (bzw. E1): Forderung
  - AEB (bzw. E1): Verhandlungsangebot der Krankenkassen

  Machen Sie Gleiches mit zusätzlichen Budgets wie Ausbildungsbudget, LKA u.ä.
- Stellen Sie die Forderung und das aktuelle Verhandlungsangebot der Krankenkassen in einer Übersicht gegenüber: Nutzen Sie hierzu die direkte Verknüpfung der Übersichtstabelle mit den beiden Kalkulationsprogrammen. Setzen Sie sich in einer dritten Spalte ein internes Verhandlungslimit, dessen Unterschreiten zum Abbruch der Verhandlung und damit zum Anrufen der Schiedsstelle führen wird. Jede Veränderung der Verhandlungssituation ist am Bildschirm sofort sichtbar:

Finanzmanagement im Krankenhaus

Tab. 18: Vergleich Forderung, Verhandlungsergebnis und Verhandlungslimit für Entgeltverhandlungen nach KHEntgG und KHG

Das Gute Krankenhaus	Kat.Effekt:	0,43 %	CM 2009	8231,789		CM 2010	8267,123		2010
			Forderung 2010 mit Falleinkauf	Verhandlungsergebnis 2010	Limit	CM 2010	Ohne Falleinkauf	Verhandlungsergebnis 2009	Istdaten 2009
Fiktives Budget mit Ausgleichen			24.702.125	24.553.000	24.403.875		24.156.694	23.007.750	
Budget ohne Ausgleichen			25.202.125	25.053.000	24.903.875		24.656.694	23.307.750	23.686.973
Zusatzentgelte			82.000	78.000	71.500		71.500	64.000	67.000
Individuelle DRG			17.800	15.400	12.500		12.500	12.500	11.900
Individuelle Zusatzentgelte			210.000	187.000	153.000		153.000	144.000	147.000
NUB			24.142	24.000	23.000		23.000	0	0
Zuschlag Pflege			241.940	240.509	239.077		239.077	0	0
Zuschlag Telematik			6.531	6.531	6.531		6.531	0	0
Abschlag Falleinkauf			-163.629	-118.892	-140.000			0	0
Ausbildungsbudget			1.100.000	1.020.000	985.000		985.000	540.000	537.240
Vereinbarter Umsatz			26.220.909	26.005.548	25.754.483		25.647.303	23.768.250	763.140
Davon DRG			24.702.125	24.553.000	24.403.875		24.156.694	23.007.750	0
Fälle			8.900	8.850	8.800		8.750	8.470	8.630
Casemix			8.450.000	8.400.000	8.350.000		8.267.123	8.100.000	8.231.789
CMI			0,949	0,949	0,949		0,945	0,956	0,954
Landesbasisfallwert			2.982,50	2.982,50	2.982,50		2.982,50	2.877,50	2.877,50
(Fiktiver) Basisfallwert mit Ausgleichen			2.923,33	2.922,98	2.922,62		2.922,02	2.840,46	0,00

Szenario Falleinkauf →

	DRG-Budget	Gesamt	Abschläge
Falleinkauf Ziel	25.202.125	26.220.909	-163.629
Falleinkauf Limit	24.903.875	25.754.483	-118.892
Kein Falleinkauf	24.656.694	25.647.303	0

Hochrechnung		Stand	17.06.10
Hochrech.	linear	saisonal	
Fälle	8.870	8.937	
Casemix	8.417,315	8.487,523	

3.2.1 Katalogeffekte des DRG-Fallpauschalenkatalogs

Viele Krankenkassen bezweifeln in den Entgeltverhandlungen Ihren dargestellten Katalogeffekt und begründen dies mit Benchmarkvergleichen. Einmal hält ein Bundesvergleich her, einmal ein Landesvergleich, einmal ein Regionalvergleich, je nach Verhandlungsziel der Krankenkassen. **48**

Ihr krankenhausindividueller Katalogeffekt ist nicht diskutierbar. Nehmen Sie sich die Zeit und ermitteln Sie den Katalogeffekt jedes Patienten unter Einbezug der Krankenkasse und DRG. Sie haben damit einen lückenlosen Nachweis und können Krankenkassen ggf. zum Abgleich der Informationen auffordern. Eine solche Auswertung ist nicht anfechtbar. Sie hält jeder Untersuchung und jedem Schiedsstellenspruch Stand: **49**

Tab. 19: Übersicht Katalogeffekt 2009/2010

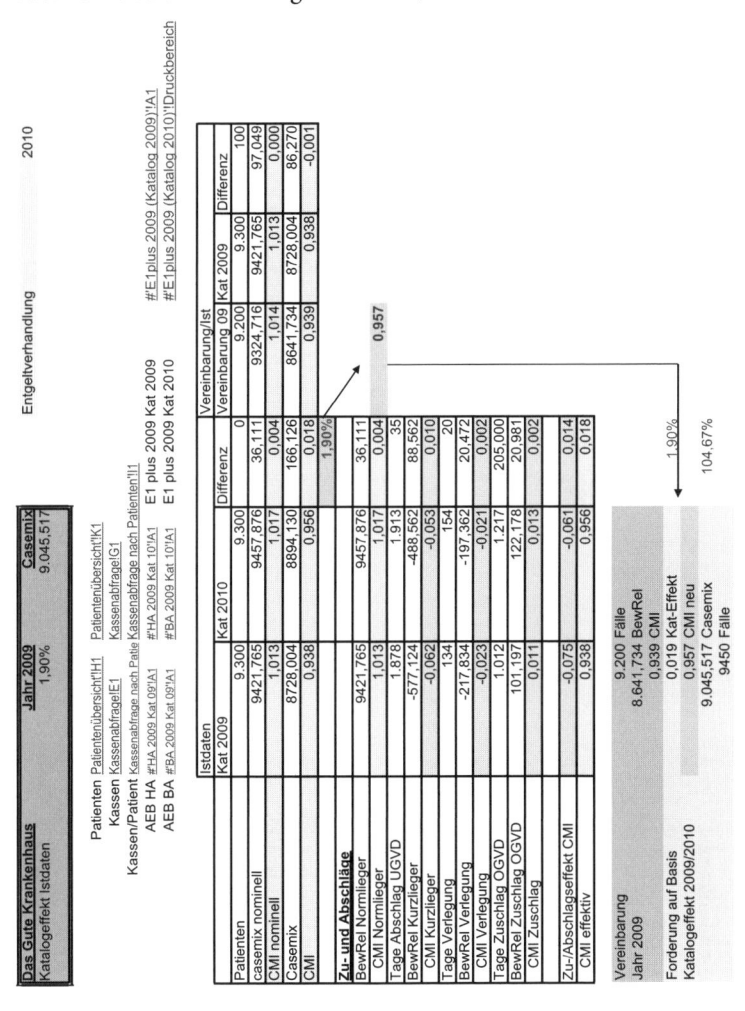

Das Gute Krankenhaus	Jahr 2009	Casemix		Entgeltverhandlung	2010		
Katalogeffekt Istdaten	1,90%	9.045,517					
Patienten Patientenübersicht!H1		Patientenübersicht!K1					
Kassen Kassenabfrage!E1		Kassenabfrage!G1				#E1plus 2009 (Katalog 2009)!A1	
Kassen/Patient Kassenabfrage nach Patie		Kassenabfrage nach Patienten!I1				#E1plus 2009 (Katalog 2010)!Druckbereich	
AEB HA #HA 2009 Kat 09!A1		#HA 2009 Kat 10!A1		E1 plus 2009 Kat 2009			
AEB BA #BA 2009 Kat 09!A1		#BA 2009 Kat 10!A1		E1 plus 2009 Kat 2010			
	Istdaten			Vereinbarung/Ist			
	Kat 2009	Kat 2010	Differenz	Vereinbarung 09	Kat 2009	Kat 2009	Differenz
Patienten	9.300	9.300	0	9.200	9.300	9.300	100
casemix nominell	9421,765	9457,876	36,111	9324,716	9421,765	9421,765	97,049
CMI nominell	1,013	1,017	0,004	1,014	1,013	1,013	0,000
Casemix	8728,004	8894,130	166,126	8641,734	8728,004	8728,004	86,270
CMI	0,938	0,956	0,018	0,939	0,938	0,938	-0,001
			1,90%		0,957		
Zu- und Abschläge							
BewRel Normlieger	9421,765	9457,876	36,111				
CMI Normlieger	1,013	1,017	0,004				
Tage Abschlag UGVD	1,878	1,913	35				
BewRel Kurzlieger	-577,124	-488,562	88,562				
CMI Kurzlieger	-0,062	-0,053	0,010				
Tage Verlegung	134	154	20				
BewRel Verlegung	-217,834	-197,362	20,472				
CMI Verlegung	-0,023	-0,021	0,002				
Tage Zuschlag OGVD	1,012	1,217	205,000				
BewRel Zuschlag OGVD	101,197	122,178	20,981				
CMI Zuschlag	0,011	0,013	0,002				
Zu-/Abschlagseffekt CMI	-0,075	-0,061	0,014				
CMI effektiv	0,938	0,956	0,018				
Vereinbarung	9.200 Fälle						
Jahr 2009	8.641,734 BewRel			1,90%			
	0,939 CMI						
Forderung auf Basis	0,019 Kat-Effekt			104,67%			
Katalogeffekt 2009/2010	0,957 CMI neu						
	9.045,517 Casemix						
	9450 Fälle						

Tab. 20: Katalogeffekt nach Krankenkassen, abgerechnet (z. B. Überlieger 2008/2009, Katalog 2009, Katalog 2010

Kasse	Abgerechnet (z. B. Überlieger) Anzahl 8376,246 CM 8500		Ist-Katalog 8382,178 8500		Umgruppierung 8417,123 8500	
	DRG	Casemix	DRG	Casemix	DRG	Casemix
Krankenkasse 1	1	0,318	1	0,318	1	0,319
Krankenkasse 2	1	0,298	1	0,298	1	0,304
Krankenkasse 3	1	0,173	1	0,173	1	0,184
Krankenkasse 4	39	39,779	39	39,843	39	39,718
Krankenkasse 5	1	0,15	1	0,15	1	0,156
Krankenkasse 6	104	100,436	104	100,619	104	101,832
Krankenkasse 7	4	4,28	4	4,28	4	4,258
Krankenkasse 8	5	4,563	5	4,568	5	4,608
Krankenkasse 9	2438	2421,204	2438	2423,321	2438	2427,678
Krankenkasse 10	2	1,799	2	1,799	2	1,795
Krankenkasse 11	9	6,302	9	6,302	9	6,327
Krankenkasse 12	1	0,18	1	0,18	1	0,184
Krankenkasse 13	1	0,195	1	0,195	1	0,156
Krankenkasse 14	1	0,741	1	0,741	1	0,745
Krankenkasse 15	1	0,416	1	0,416	1	0,408
Krankenkasse 16	3	5,223	3	5,223	3	5,331
Krankenkasse 17	2	2,528	2	2,528	2	3,567
Krankenkasse 18	2	1,338	2	1,338	2	1,334

Tab. 21: Katalogeffekt nach Patienten und Krankenkassen, abgerechnet (z. B. Überlieger 2008/2009, Katalog 2009, Katalog 2010

					Abgerechnet (z. B. Überlieger)			Ist-Katalog		Umgruppierung	
					CM	8376,246		8382,178		8417,123	
					Anzahl	8500		8500		8500	
Pat.-Nr.	Name	Kasse	von	bis	DRG	Casemix	DRG	Casemix	DRG	Casemix
1	Name 1	Kranken-kasse 1	24-Nov-08	14-Jan-09	G04B	3,138	G04B	3,274	G04B	3,259
2	Name 2	Kranken-kasse 2	26-Nov-08	15-Jan-09	A07C	28,298	A07C	30,406	A07C	29,719
3	Name 3	Kranken-kasse 3	27-Nov-08	29-Jan-09	A13A	18,202	G36Z	17,379	G36Z	17,238
4	Name 4	Kranken-kasse 4	27-Nov-08	08-Jan-09	A11E	10,404	A11E	10,537	A11E	10,456
5	Name 5	Kranken-kasse 5	30-Nov-08	09-Jan-09	E02C	2,627	E02C	2,674	E02C	2,732
6	Name 6	Kranken-kasse 6	01-Dez-08	06-Jan-09	G03B	4,102	G03B	4,216	G03C	4,109
7	Name 7	Kranken-kasse 7	06-Dez-08	13-Jan-09	B70F	2,514	B70F	2,594	B70F	2,645
8	Name 8	Kranken-kasse 8	06-Dez-08	16-Jan-09	A09E	15,904	A09D	16,616	A09D	17,358
9	Name 9	Kranken-kasse 9	14-Dez-08	15-Jan-09	I05Z	3,047	I05Z	3,15	I05Z	3,187
10	Name 10	Kranken-kasse 10	11-Dez-08	26-Jan-09	A07C	28,298	A07C	30,406	A07C	29,719
11	Name 11	Kranken-kasse 11	12-Dez-08	09-Jan-09	A09E	15,904	A09D	16,616	A09D	17,358

Tab. 21: *(Fortsetzung)*

Pat-Nr.	Name	Kasse	von	bis	Abgerechnet (z. B. Überlieger) CM 8376,246 Anzahl 8500		Ist-Katalog 8382,178 8500		Umgruppierung 8417,123 8500	
					DRG	Casemix	DRG	Casemix	DRG	Casemix
12	Name 12	Krankenkasse 12	14-Dez-08	01-Jan-09	I68C	0,776	I68C	0,74	I68C	0,734
13	Name 13	Krankenkasse 13	14-Dez-08	05-Jan-09	I66D	1,004	I66D	1,071	I66D	1,197
14	Name 14	Krankenkasse 14	15-Dez-08	02-Jan-09	F62B	1,303	F62B	1,275	F62B	1,26
15	Name 15	Krankenkasse 15	30-Dez-08	05-Jan-09	N04Z	1,543	N04Z	1,499	N04Z	1,497
16	Name 16	Krankenkasse 16	17-Dez-08	02-Jan-09	I13A	2,212	I13A	2,223	I13B	2,255
17	Name 17	Krankenkasse 17	17-Dez-08	12-Jan-09	G18B	2,48	G18B	2,541	G18B	2,521
18	Name 18	Krankenkasse 18	18-Dez-08	06-Jan-09	F60A	1,591	F60A	1,534	F60A	1,528
19	Name 19	Krankenkasse 19	18-Dez-08	08-Jan-09	E65A	1,145	E65A	1,132	E65A5A	1,097

3.2.2 Offene Casemix-Absenkungen

In den Verhandlungen müssen Sie damit rechnen, dass Krankenkassen noch ausstehende Rechnungskorrekturen zu deren Gunsten schätzen und Budget-mindernd in Ansatz bringen. Bereiten Sie sich auf diese Diskussion vor. Ermitteln Sie auf Basis Ihrer MDK-Einwände in der Vergangenheit und aufgrund der noch nicht verhandelten MDK-Einwände den Maximalumfang der Kürzungen. Voraussetzung ist ein rigides Aufzeichnen sämtlicher Rechnungskürzungen (Umsatz vorher/nachher) aus reklamierten Rechnungen: 50

Tab. 22: Rechnungskürzungen im Zeitverlauf

Prognose Rechnungskorrekturen MDK 2010

Fallkonferenz	Fälle 2010	korrigiert	Betrag 2010	korrigiert	Prozent	
25.06.2010	70	21	205.225,83	12.340,76	6,01 %	Link zur Konferenz 1
30.07.2010	78	17	298.470,71	11.276,83	3,78 %	Link zur Konferenz 2
10.09.2010	76	28	222.816,61	9.657,75	4,33 %	Link zur Konferenz 3
05.11.2010	80	16	227.385,80	10.876,43	4,78 %	Link zur Konferenz 4
03.12.2010	75	23	219.884,81	7.241,67	3,29 %	Link zur Konferenz 5
	379	105	1.173.783,75	51.393,44	4,38 %	

Offene MDK-Fälle 2010 im Jahr 2010

	Anzahl	CM	Betrag
		92	87,724	928.109,34
4,38 %		-3,841	-40.636,73

Verwenden Sie Aufzeichnungszeiträume, die für Sie möglichst positiv verlaufen. Halten Sie im Zweifelsfall weitere Aufzeichnungszeiträume verfügbar. 51

3.2.3 Zu vereinbarende Mehrleistungen

Ihre Prognose für das zu verhandelnde Wirtschaftsjahr ist maßgeblich. Sie kennen Ihre wirtschaftlichen Rahmenbedingungen, Ihr Leistungsprofil und Ihre örtliche Konkurrenzsituation besser als die Krankenkassen. Nachfolgendes Beispiel erläutert die Prognose 2010 auf Basis der Vorjahresdaten und der Daten Juni 2010. 52

Tab. 23: Prognose für Mehrleistungen, Stand Juni 2009

Basis: Katalog 2010

		Jan – Juni	Prozent	Jan – Aug	Prozent	Jan – Dez	Prozent
2008	DRG	3.420	100,00 %	4.674	136,67 %	7.735	226,17 %
2008	CM	3.165,789	100,00 %	4.432,105	140,00 %	7.455,433	235,50 %
2008	CMI	0,926		0,948		0,964	
		Link zu Falldaten		Link zu Falldaten		Link zu Falldaten	

Prognose →

		Jan – Juni	Prozent	Jan – Aug	Prozent	Jan – Dez	Prozent
2009	DRG	3.854	100,00 %	5.267	136,67 %	8.716	226,17 %
2009	CM	3.678,194	100,00 %	5.149,472	140,00 %	8.662,147	235,50 %
2009	CMI	0,954		0,978		0,994	

Link zu Falldaten

Stand: 05.06.2009 Link zu Kassendaten   Aufteilung Fälle, CM, CMI nach Kasse

Falleinkauf:

Link: Begründung Leistungsspektrum

Vereinbarte Fälle 2008	7.351
Vereinbarter CM 2008	7277,136 KatalogeffektSuRo2008-Kat2009.xls
Katalogeffekt 2008/2009	1,17 %
CM 2009	7362,278

	CM	Fälle	CMI	
Hochrechnung 2009	8.662,147	8.716	0,994	
abzgl. Rechnungskorrekturen	-85,701			0,99 %
	8.576,446	8.716	0,984	

53 Nutzen Sie dieses Potential. Erarbeiten Sie für abzusehende Mehrleistungen Hochrechnungen:

- Linear oder saisonal
- Mit aktuellen Daten bis zum letzten Monat, Quartal oder Halbjahr vor Einreichung Ihrer Daten
- Mit Ableitung vergleichbarer saisonaler Schwankungen über nachweisbare 2, 3, 5 Jahre oder mehr.

Maßgeblich sind Ihre Verhandlungsziele, für die Sie unter zeitaufwendigen alternativen Hochrechnungen die für Sie geeignete Hochrechnung aussuchen. Scheuen Sie bei anzustrebenden Mehrleistungen im Hunderter- oder gar Tausender-Casemixbereich keine Mühen, um Ihre These detailliert zu untermauern. 54

Tab. 24: Vergleichbare saisonale Schwankungen aus den Vorjahren

Basis: Katalog 2009

		Jan – Juni	Prozent	Jan – Aug	Prozent	Jan – Dez	Prozent
2008	DRG	3.420	100,00 %	4.674	136,67 %	7.735	226,17 %
2008	CM	3.165,789	100,00 %	4.432,105	140,00 %	7.455,433	235,50 %
2008	CMI	0,926		0,948		0,964	

Link zu Falldaten   Link zu Falldaten   Link zu Falldaten

		Jan – Juni	Prozent	Jan – Aug	Prozent	Jan – Dez	Prozent
2009	DRG	3.854	100,00 %	5.267	136,67 %	8.716	226,17 %
2009	CM	3.678,194	100,00 %	5.149,472	140,00 %	8.662,147	235,50 %
2009	CMI	0,954		0,978		0,994	

Link zu Falldaten

Quelle: Endgültiger Ausgleich

		Jan – Mai	Prozent			Jan – Dez	Prozent
2007	DRG	3.322	100,00 %			7.541	227,00 %
2007	CM	3.041,345	100,00 %			7.241,725	238,11 %
2007	CMI	0,916				0,960	

		Jan – Mai	Prozent			Jan – Dez	Prozent
2006	DRG	3.240	100,00 %			7.372	227,53 %
2006	CM	2.621,734	100,00 %			6.109,601	233,04 %
2006	CMI	0,809				0,829	

		Jan – Mai	Prozent			Jan – Dez	Prozent
2005	DRG	3.130	100,00 %			7.140	228,12 %
2005	CM	2.598,345	100,00 %			6.165,156	237,27 %
2005	CMI	0,830				0,863	

		Jan – Mai	Prozent			Jan – Dez	Prozent
2004	DRG	3.070	100,00 %			7.080	230,62 %
2004	CM	2.571,938	100,00 %			6.124,729	238,14 %
2004	CMI	0,838				0,865	

55 Halten Sie für den geeignetsten Hochrechnungszeitraum des laufenden Jahres die E1-Daten verfügbar (hier Januar bis Mai 2009). Erstellen Sie diese E1 für sämtliche Vorjahre, die Sie als Beleg eindeutig nachweisbarer saisonaler Schwankungen benötigen:

Tab. 25: E1-Istdaten für die Hochrechnung der Mehrleistungen

	Fallzahl	CM eff.	CM rel.	FZ Normallieger	Tage Normall.
	3854	3678,194	3917,443	2642	17358

DRG	Fallzahl	CM eff.	CM rel.	FZ Normallieger	Tage Normall.
901B	2	6,81	6,81	2	53
901D	6	11,751	12,72	4	69
902Z	2	3,056	3,056	2	36
960Z	1	0	0	1	2
A07C	1	30,406	30,406	1	66
A07C	2	56,596	56,596	2	96
A09D	3	49,848	49,848	3	110
A09E	2	31,808	31,808	2	69
A11C	1	12,157	12,157	1	15
A11E	3	31,611	31,611	3	80
A11F	2	16,806	16,806	2	54
A11F	1	7,757	7,757	1	27
A13A	1	18,202	13,242	0	0
A13E	4	26,84	26,84	4	117
A13F3F	3	12,744	12,744	3	29

56 Zeigen Sie parallel die aktuellen Zahlen für sämtliche verhandelnden Krankenkassen auf. Krankenkassen mit vergleichsweise niedrigen Ist-Mehrleistung werden Ihre Hochrechnungen akzeptieren müssen, wenn Sie hohe Mehrleistungen bei anderen Krankenkassen nachweisen können. Bleiben Sie hart und verweisen Sie notfalls auf ein Schiedsstellenverfahren: Ihre Daten sind präziser als Benchmarkvergleiche der Krankenkassen.

Tab. 26: Aufschlüsselung der Leistungssteigerungen nach Krankenkassen, Auszug

Patienten Jan – Mai 2010

Kostenträger	Patienten	Casemix	CMI	Steig. 10/09
Kasse 1	1.130	1.158,976	1,026	114,81 %
Kasse 2	1.104	1.142,614	1,035	115,53 %
Kasse 3	1.090	1.131,717	1,038	137,01 %
Kasse 4	696	599,848	0,862	97,28 %
Kasse 5	298	307,274	1,031	90,79 %
Kasse 6	105	123,034	1,172	124,03 %
Kasse 7	171	148,146	0,866	159,88 %
Kasse 8	271	252,841	0,933	132,32 %

Patienten Jan – Mai 2009

Kostenträger	Patienten	Casemix	CMI
Kasse 1	1.080	1.009,501	0,935
Kasse 2	1.053	972,415	0,923
Kasse 3	980	826,011	0,843
Kasse 4	673	616,600	0,916
Kasse 5	314	338,453	1,078
Kasse 6	83	99,195	1,195
Kasse 7	125	92,659	0,741
Kasse 8	240	191,090	0,796

57 Begründen Sie die Mehrleistungen auch medizinisch durch die Darstellung neuer DRGs auf Basis neuer Leistungsangebote:

Tab. 27: Neue medizinische Leistungen, neue DRGs

A) Welche DRG des Jahres 2009 gab es im Jahr 2008 nicht?

2009 DRG	Fälle	CM	Bezeichnung	2008 DRG	Fälle	CM	Bemerkung
901B	1	3,405	Ausgedehnte OR-Prozedur ohne Bezug zur Hauptdiagnose ohne komplizierende Konstellation, ohne Strahlentherapie, mit komplexer OR-Prozedur	-/-	-/-	-/-	komplexe OR-Prozedur, vermehrte Leistung durch erweitertes Spektrum der beiden neuen Chefärzte Chirurgie
901D	6	11,751	Ausgedehnte OR-Prozedur ohne Bezug zur Hauptdiagnose ohne komplizierende Konstellation, ohne Strahlentherapie, ohne komplexe OR-Prozedur, ohne anderen Eingriff an Kopf und Wirbelsäule, Alter > 0 Jahre, außer bei Para-/Tetraplegie	901D	3	6,36	
902Z	2	3,056	Nicht ausgedehnte ORProzedur ohne Bezug zur Hauptdiagnose	-/-	-/-	-/-	erweiterter Diagnostikansatz Chefarzt Innere Medizin
960Z	1	0	Nicht gruppierbar	-/-	-/-	-/-	

A07C	1	30,406	Beatmung > 999 und < 1800 Stunden mit komplexer OR-Prozedur, ohne Polytrauma, ohne komplizierende Konstellation, Alter > 15 Jahre oder ohne komplexe OR-Prozedur oder Polytrauma, Alter > 15 Jahre, mit intensivmedizinischer Komplexbehandlung > 2208 Punkte	A07C	1	30,406	Für alle Beatmungs-DRGs: mehr Beatmungs-DRGs durch Mehrung der Beatmungsgeräte und -plätze, komplexere viszeralchirugische Leistungen
A07C	2	56,596	Beatmung > 999 und < 1800 Stunden mit komplexer OR-Prozedur, ohne Polytrauma, ohne komplizierende Konstellation, Alter > 15 Jahre oder ohne komplexe OR-Prozedur oder Polytrauma, Alter > 15 Jahre, mit intensivmedizinischer Komplexbehandlung > 2208 Punkte	A07C	1	30,406	
A09D	4	66,464	Beatmung > 499 und < 1000 Stunden ohne komplexe OR-Prozedur, ohne Polytrauma, ohne angeborene Fehlbildung oder Tumorerkrankung oder Alter > 2 Jahre, ohne kompliz. Konstellation, Alter > 15 Jahre, mit intensivmed. Komplexbehandlung 1381 bis 2208 Punkte	A09D	1	16,616	

58 Die Krankenkassen werden keine Mühen scheuen, Ihre Forderungen nach Mehrleistungen in Frage zu stellen. Investieren Sie in Ihre Prognose und deren Nachweis ein Maximum an Zeit.

3.2.4 Frei verhandelbare Zu- und Abschläge

59 Sind Zu- oder Abschläge frei zu verhandeln (z. B. Mehrleistungsabschlag im Jahr 2009 und 2012), werden die Krankenkassen auf die angeblich hohen finanziellen Reserven der Krankenhäuser verweisen. Rechnen Sie detailliert gegen, welche Abgaben Ihr Krankenhaus seit Einführung des DRG-Fallpauschalensystems an das Gesundheitswesen zu leisten hatte. Die Beträge summieren sich:

Tab. 28: Belastungen Ihres Krankenhauses seit Einführung des DRG-Fallpauschalensystems

Unterfinanzierung durch Konvergenz

Jahr	2005	2006	2007	2008	2009	Summe
Veränderungsrate	15,00 %	23,50 %	30,80 %	44,40 %	50,00 %	
Krankenhaus Nr. 1 Unterdeckung	1.630.000,00	1.550.000,00	1.280.000,00	977.000,00	580.000,00	6.017.000,00
Krankenhaus Nr. 1 Angleichung	244.500,00	284.766,00	434.065,00	379.331,42	346.612,74	1.689.275,15
Fehlfinanzierung Nr. 1	-1.385.500,00	-1.265.234,00	-845.935,00	-597.668,58	-233.387,26	-4.327.724,85
Krankenhaus Nr. 2 Unterdeckung	643.200,00	487.500,00	248.000,00	-20.000,00	120.000,00	1.478.700,00
Krankenhaus Nr. 2 Angleichung	37.251,16	42.839,00	34.300,42	-38.466,42	-18.792,11	57.132,05
Fehlfinanzierung Nr. 2	-605.948,84	-444.661,00	-213.699,58	-18.466,42	-138.792,11	-1.421.567,95
					Summe	-5.749.292,80

Quelle bis 2008 Formular B2
Erklärung 2009

A) Sulzbach
Differenz 2008 gegenüber LBFW 60,2
Konvergenz abschlag -44,96
Casemix 7709,358

B) Auerbach
Differenz 2008 gegenüber LBFW 20,78
Konvergenz abschlag 19,94
Casemix 942,433

Tab. 28: (Fortsetzung)

Unterfinanzierung durch Ausgleichsberechnungen

Jahr	2005	2006	2007	2008	2009	Summe
Krankenhaus Nr. 1	620.000,00	-230.000,00	120.000,00	317.000,00	124.000,00	951.000,00
Krankenhaus Nr. 2	-22.000,00	-180.000,00	57.000,00	67.000,00	110.000,00	32.000,00
					Summe	983.000,00

Quelle bis 2008 Formular B2
Quelle 2009 Formular D10

Unterfinanzierung Mehr-Pflegepersonal Anteil 10 %

Jahr	2005	2006	2007	2008	2009	Summe
Krankenhaus Nr. 1					-11.020,00	-11.020,00
Krankenhaus Nr. 2					-5.020,14	-5.020,14

Summe Unterfinanzierung

Krankenhaus Nr. 1
Unterfinanzierung durch Konvergenz   -4.327.724,85
Unterfinanzierung durch Ausgleichsberechnungen   951.000,00
Unterfinanzierung Mehr-Pflegepersonal, Anteil 10 %   -11.020,00
                                                             -3.387.744,85

Krankenhaus Nr. 2
Unterfinanzierung durch Konvergenz   -1.421.567,95
Unterfinanzierung durch Ausgleichsberechnungen   32.000,00
Unterfinanzierung Mehr-Pflegepersonal, Anteil 10 %   -5.020,14
                                                             -1.394.588,09

3.3 Case-Management[1]

Errechnen sich aus einer DRG-Kostenträgerrechnung Defizite, so sind unterschiedliche Gründe vorstellbar: 60

- **Umsatzkomponente**: Durch Fehlkodierung wurden die Leistungen und Kosten nur unzureichend kodiert und abgerechnet.
- **Kostenkomponente**: Durch lange Verweildauern oder hohe Materialeinsätze wurden für eine konstante medizinische Leistung zu hohe Kosten erzeugt.

Gegenstand der Untersuchung ist der Patientenprozess. Steuern können den Patientenprozess dafür eigens ausgebildete Case-Manager. Es geht in Ableitung der Umsatz- und Kostenziele um folgende wirtschaftlichen Steuerungsziele: 61

Abb. 4: Wirtschaftliche Ziele des Patientenprozesses

Durch Begleiten des Patienten vom Aufnahmetag bis zu dessen Entlassung und der anschließenden Abrechnung hat der Case-Manager die obigen wirtschaftlichen Ziele sicher zu stellen. Parallel gewährleistet er durch Überprüfung einer umfassenden Kodierung und Dokumentation eine den Einwänden der Krankenkassen und des Medizinischen Dienstes der Krankenkassen Stand haltende medizinische Begründung der Behandlung. 62

---

1 Vgl. Ganzmann: Klinisches Case Management: Die Implementierung eines neuen operativen Steuerungsinstrumentes zwischen theoretischem Anspruch und praktischen Erfordernissen am Beispiel der individuellen Adaption des St. Anna Krankenhauses in Sulzbach-Rosenberg, 2009, Kap. 4.5.1.1 und 4.5.2.3, S. 59-61, 70.

Ziele des Case-Managements:

- Prozesse umfassend dokumentieren
- Prozesse analysieren
- Prozesse verändern

Abb. 5: Ziele des Case-Managements

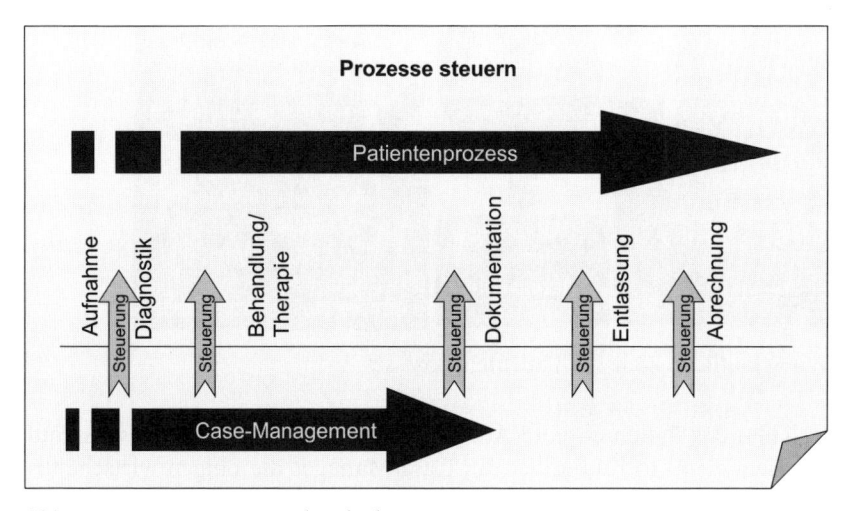

Abb. 6: Prozesssteuerung durch den Case-Manager

63 Dort, wo Prozesse regelmäßig Störprozessen ausgesetzt sind, ist ein dv-technischer Beleg des Störumfangs wichtig. Geeignete dv-technische Analysesysteme werden in den Kapitel 3.4 und 3.5 erläutert.

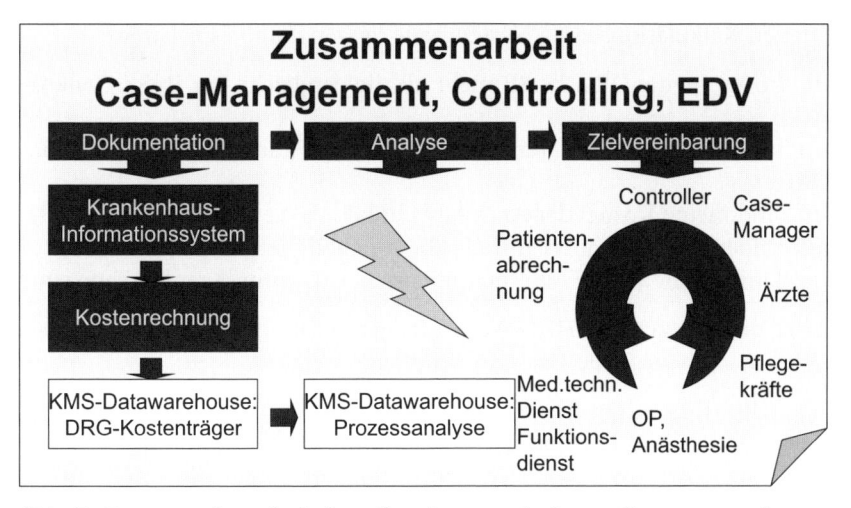

Abb. 7: Prozesse dv-technisch aufbereiten, analysieren, Prozessveränderungen über Zielvereinbarungen ableiten

Im St. Anna Krankenhaus Sulzbach-Rosenberg konnte der CMI innerhalb eines Jahresvergleichs 1.1. bis 13.11. gegenüber dem Vorjahr um 0,062 Punkte verbessert werden. Die Rechnungskürzungsrate bei MDK-Konferenzen konnte anteilig an der reklamierten Gesamtrechnungssumme von 13,1 % auf 5,2 % verringert werden.[2]

3.4 Prozessorientierte Kostenträgerrechnung[3]

3.4.1 Kostenträgerrechnung nach dem INEK-Kalkulationshandbuch 3.0[4]

Gerade 316 Krankenhäuser der Bundesrepublik Deutschland nehmen am Kalkulationsverfahren des INEK-Instituts teil (Jahr 2009). Der Aufwand ist nicht unerheblich. Als Gegenleistung stehen den kalkulierenden Krankenhäusern umfangreiche Daten zur Verfügung. Aber was geschieht danach?

---

2 Vgl. Ganzmann: Klinisches Case Management: Die Implementierung eines neuen operativen Steuerungsinstrumentes zwischen theoretischem Anspruch und praktischen Erfordernissen am Beispiel der individuellen Adaption des St. Anna Krankenhauses in Sulzbach-Rosenberg, 2009, Kap. 4.5.1.1 und 4.5.2.3, S. 59-61, 70.
3 Vgl. Emmerich: Prozessorientierte Kostenträgerrechnung in der praktischen Umsetzung, in: Krankenhaus IT Journal 4/2010, S. 31 bis 33.
4 Vgl. KALKULATION VON FALLKOSTEN, Handbuch zur Anwendung in Krankenhäusern. Version 3.0, Deutsche Krankenhaus Verlagsgesellschaft mbH, Düsseldorf 2007.

66 Die ermittelten Kalkulationsdaten werfen neue Fragen auf, beispielsweise:

- Warum kostet meine DRG H08B mehr als die vergleichbarer INEK-Sollkosten?
- Warum kostet mein Patient Herr Müller mehr als Patienten der vergleichbaren DRG?
- Warum sind meine Kosten der Anästhesie höher als die vergleichbarer INEK-kalkulierender Krankenhäuser mit gleichem Behandlungsprofil?
- Warum fährt meine DRG H08B den höchsten Verlust im Krankenhaus ein?

67 **Thesen über den Nutzen der DRG-Kostenträgerrechnung:** Ohne die Diskussion zu vertiefen, seien folgende Thesen formuliert:

- Wer die DRG-Kostenträger nur für INEK kalkuliert, macht etwas falsch!
- Der Aufwand deckt die Kosten der EDV und der Personalbindung erst nach Jahren!
- Vergleiche mit den INEK-Kosten sind informativ, ermitteln aber keine Ursachen!
- Defizitäre DRG oder Patienten gefährden die Wirtschaftlichkeit: Sie brauchen deshalb Handlungsalternativen!

68 Prozesse verändern die Welt. Prozesse ändern Ihre Erlöse und Kosten. Die Aufgabe der Krankenhäuser ist deshalb die Steuerung der Prozesse.

3.4.2 Prozesssteuerung durch Case-Management und EDV

69 Parallel zur Einführung der prozessorientierten Kostenträgerrechnung ist die Implementierung des Case-Management in Ihre Krankenhausorganisation erforderlich. Speziell ausgebildete Pflegekräfte dokumentieren, kodieren, analysieren Prozesse und verändern diese. Mit der Einführung der prozessorientierten Kostenträgerrechnung stehen korrespondierend weitere Optionen zur Verfügung. Prozessorientierte Kostenträgerrechnung

- überprüft die Funktionsfähigkeit der Prozesse,
- unterstützt das betriebswirtschaftliche Controlling und das Case-Management,
- stellt bei jedem Patient die kompletten Prozessabläufe zur Verfügung.

70 Ausgangspunkt der dv-gestützten Prozesssteuerung ist die zu analysierende DRG bzw. der zu analysierende Patient. Im nachfolgenden Beispiel der DRG H08B „Laparoskopische Cholezystektomie ohne sehr komplexe Diagnose, ohne komplizierende Diagnose" lauten die Fragen:

- Warum sind die DRG-Erlöse niedriger als die kalkulierten Kosten?
- Warum liegen die kalkulierten Kosten unter den INEK-Sollkosten?

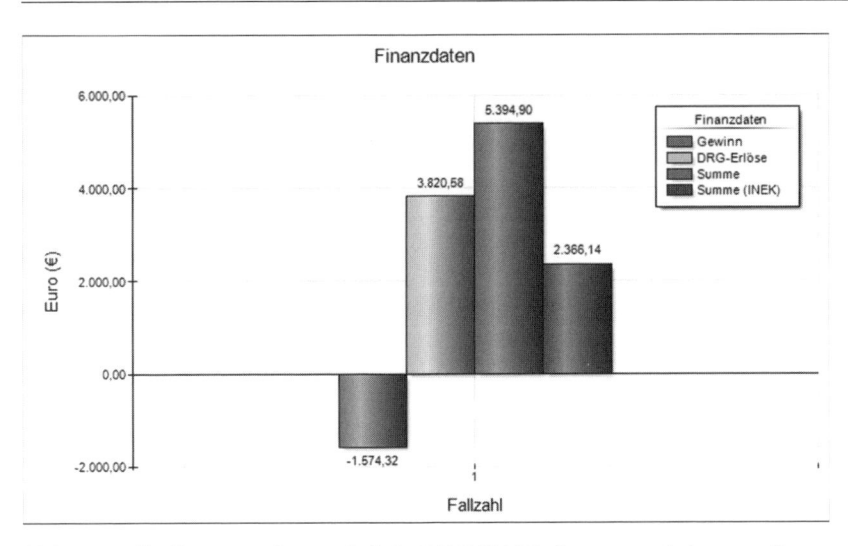

Abb. 8: Kalkuliertes Patientendefizit, DRG H08B, Summe = Istkosten, Summe INEK = INEK-Kosten[5]

Der Blick auf den grafischen Kostenverlauf lässt bei dem defizitärsten Patienten feststellen: Der Break-even-point wird am 8. Tag überschritten, die Operation findet erst am 13. Tag statt:

---

5 Abbildungen Softwareprodukt eisTEI.NET ® Rel. 3.5, KMS Vertrieb und Services AG, 2010, Unterhaching, Neugestaltung in Abstimmung mit dem Kommunalunternehmen „Krankenhäuser des Landkreises Amberg-Sulzbach".

Finanzmanagement im Krankenhaus

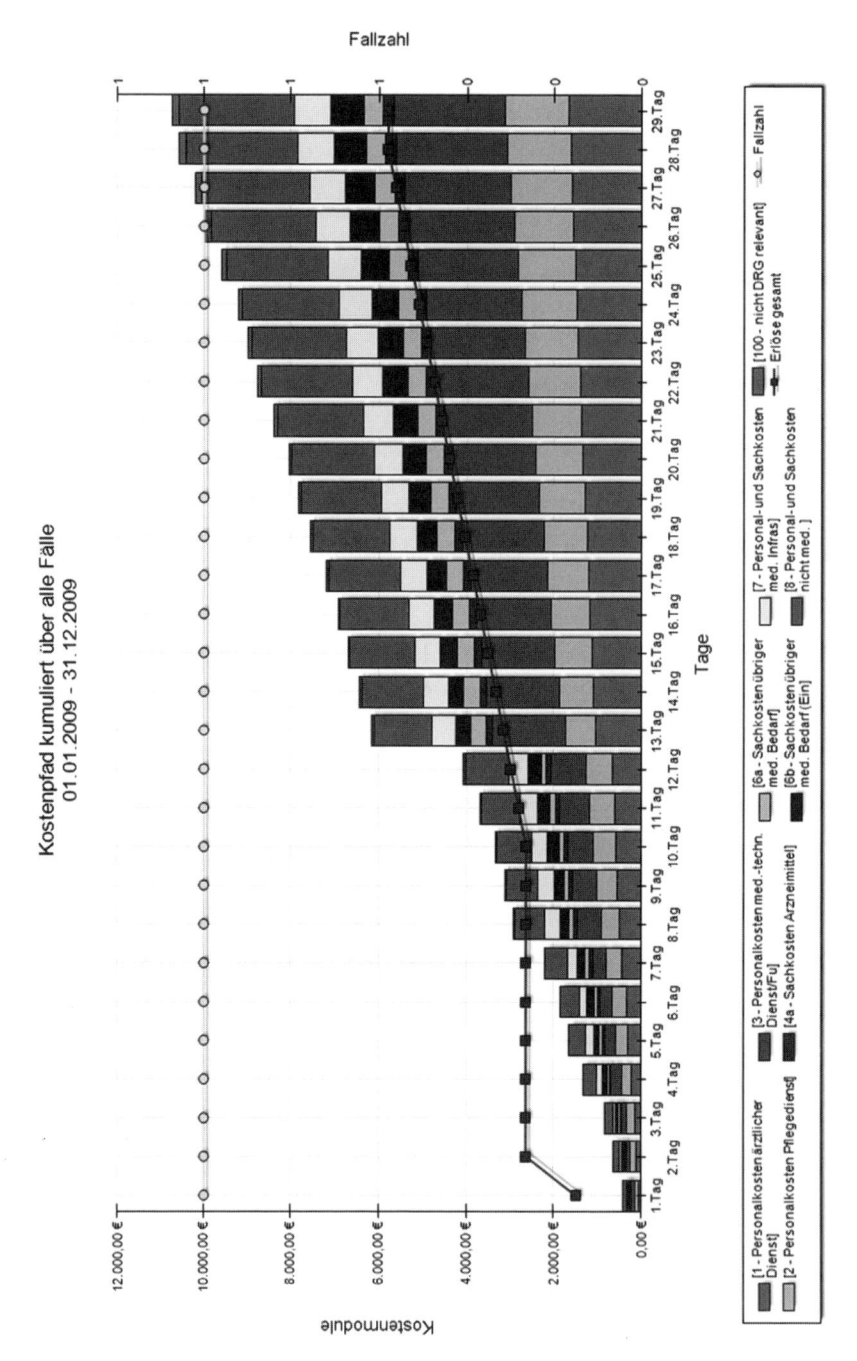

Abb. 9: Grafische Darstellung der Prozesskosten des defizitärsten Patienten der DRG H08B

In Zusammenarbeit mit dem Softwarehersteller KMS wurden Grafiken entwi- 72
ckelt, die im schnellen Abgleich die hauseigenen Patientenkosten mit den INEK-
Kosten der betreffenden DRG vergleichen und die aus dem Prozessablauf entstehenden überhöhten Kosten sichtbar machen:

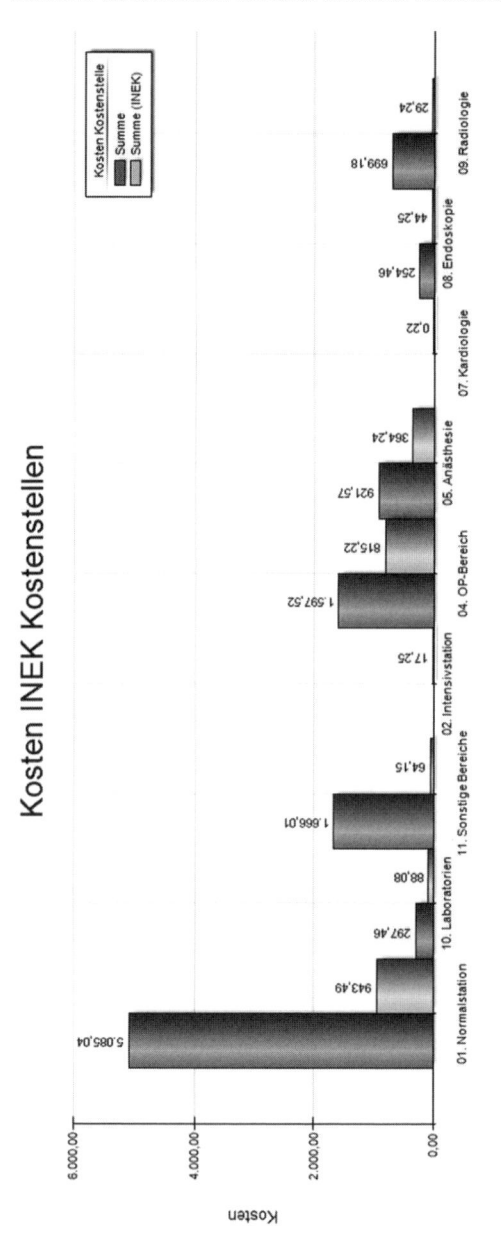

Abb. 10: Vergleich Ist-Kosten (Summe) und INEK-Kosten (Summe INEK) des Patienten nach Kostenstellen

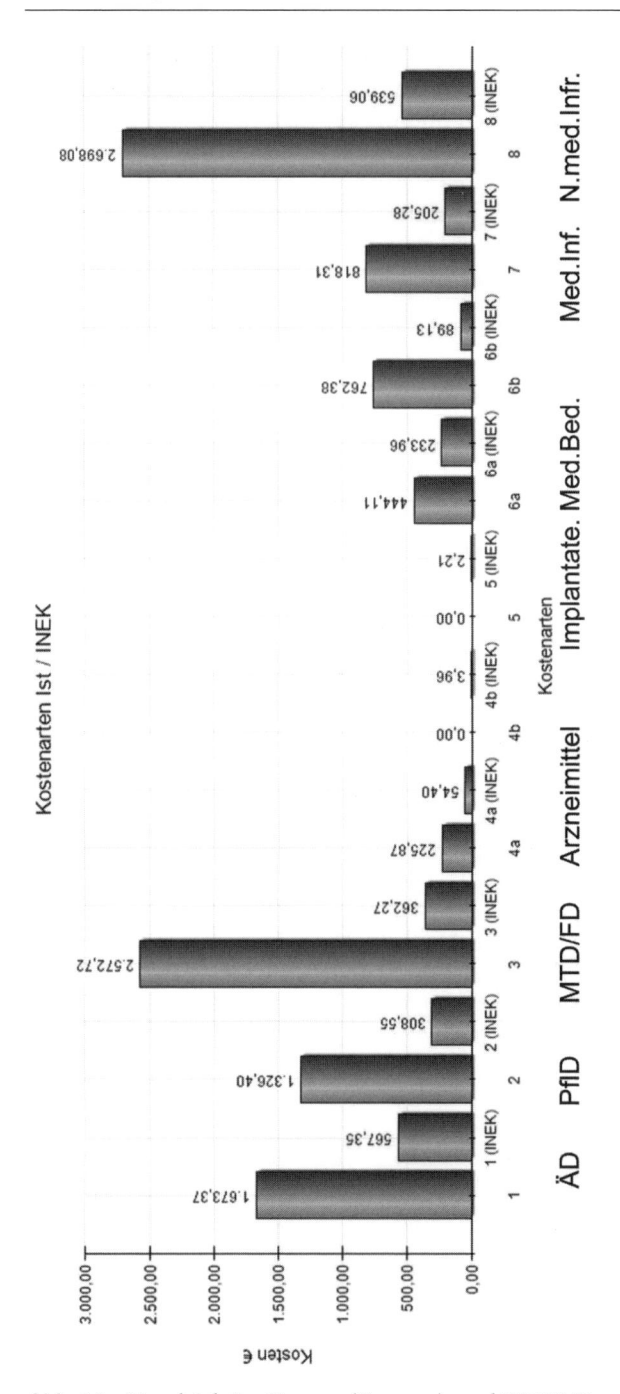

Abb. 11: Vergleich Ist-Kosten (Summe) und INEK-Kosten (Summe INEK) des Patienten nach Kostenarten

Zentrales Analyseinstrument ist das umfassende Patienten-Cockpit mit einer 73
chronologischen Darstellung des Prozessablaufs einschließlich sämtlicher daraus
resultierenden Kosten für Untersuchungen, ärztliche Behandlungen, pflegerische
Maßnahmen, Sachmitteleinsatz u. a. So kann festgestellt werden:

- wann
- wer
- mit welchen Kosten

am Behandlungsprozess beteiligt war.

Im Gespräch zwischen Case-Manager und Chefarzt können der Ist-Behand- 74
lungsablauf beurteilt, Schwachstellen ermittelt und ein Soll-Behandlungsablauf
abgeleitet werden.

Die aus dem Prozessablauf erkennbaren Fragen des Case-Managements zu die- 75
sem Patienten lassen sich wie folgt zusammen fassen:

- Warum wurde der Patient erst am 11. Tag von der Inneren Medizin in die Chirurgie verlegt?
- War die Operation erst am 13. Aufenthaltstag berechtigt?
- Hat die Innere Medizin hier zu spät entschieden, dass eine konventionelle Behandlung nicht ausreicht?

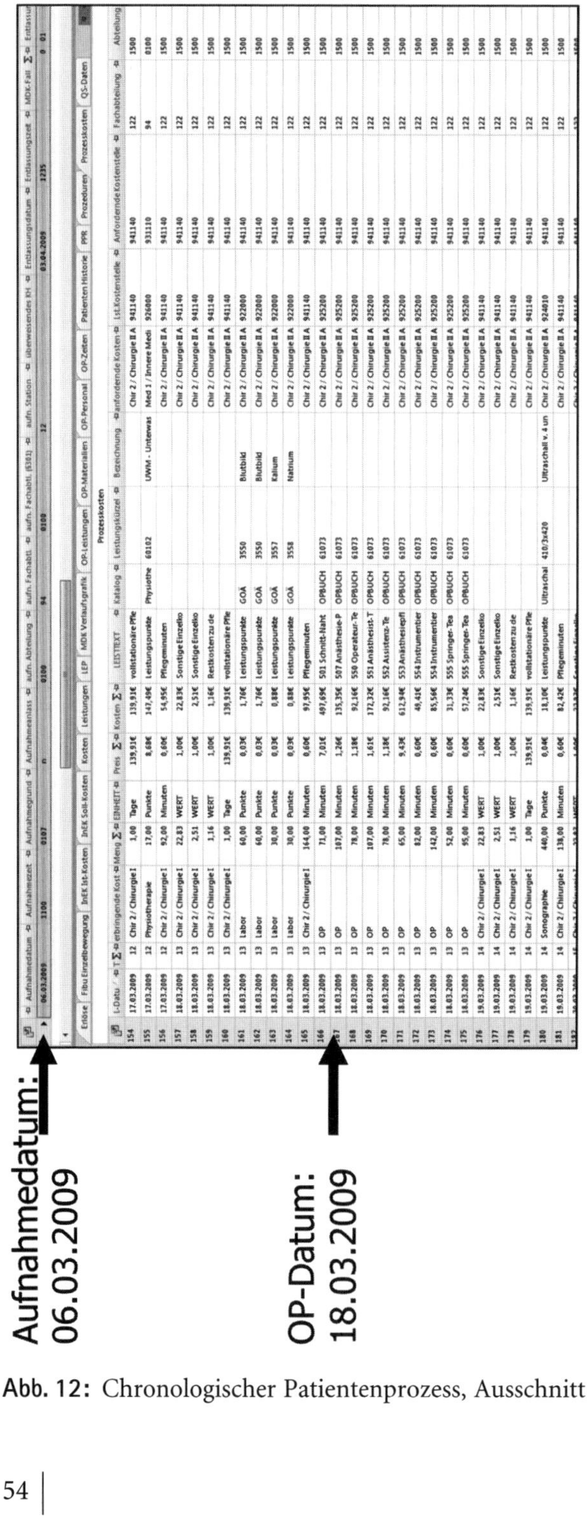

Finanzmanagement im Krankenhaus

Abb. 12: Chronologischer Patientenprozess, Ausschnitt

Der Vergleich der kalkulierten Kosten mit den INEK-Sollkosten zeigt die Konsequenzen des offensichtlichen Fehlprozesses: Kosten DRG H08B Ist: 10.159,13/ INEK-Soll: 2.403,97.   76

Für den konkreten Behandlungsprozess der DRG H08B „Laparoskopische Cholezystektomie ohne sehr komplexe Diagnose, ohne komplizierende Diagnose" konnte aufgrund der Diskussion des Case-Managements mit den verantwortlichen Chefärzten der Inneren Medizin und der Chirurgie folgende Zielvereinbarung abgeschlossen werden: 77

Verweildauerrahmen H08B: Mittlere Verweildauer 5 Tage, Obere Grenzverweildauer 10 Tage:

- 1. Fall: Elektive Operation: Verweildauer-Vorgabe: <= Mittlere Verweildauer
- 2. Fall: Unklare Akutsymptomatik: Diagnostik und Entscheidung konservativ oder operativ bis zum 2. Tag
- 3. Fall: Zwingender langer Aufenthalt: OP bis Tag 3, Verweildauer <= 9 Tage oder konservative Behandlung (H64Z) und eventueller neuer stationärer Termin zur elektiven Operation, Terminierung durch das Case-Management.

Die Prozessverbesserung auf Basis der Zielvereinbarung wird am 1. Fall „Elektive Operation" auf beeindruckende Weise deutlich. Die Untersuchung findet vorstationär statt (Tag 0), die Operation am Aufnahmetag (Tag 1), die Entlassung erfolgt am 3. Tag: 78

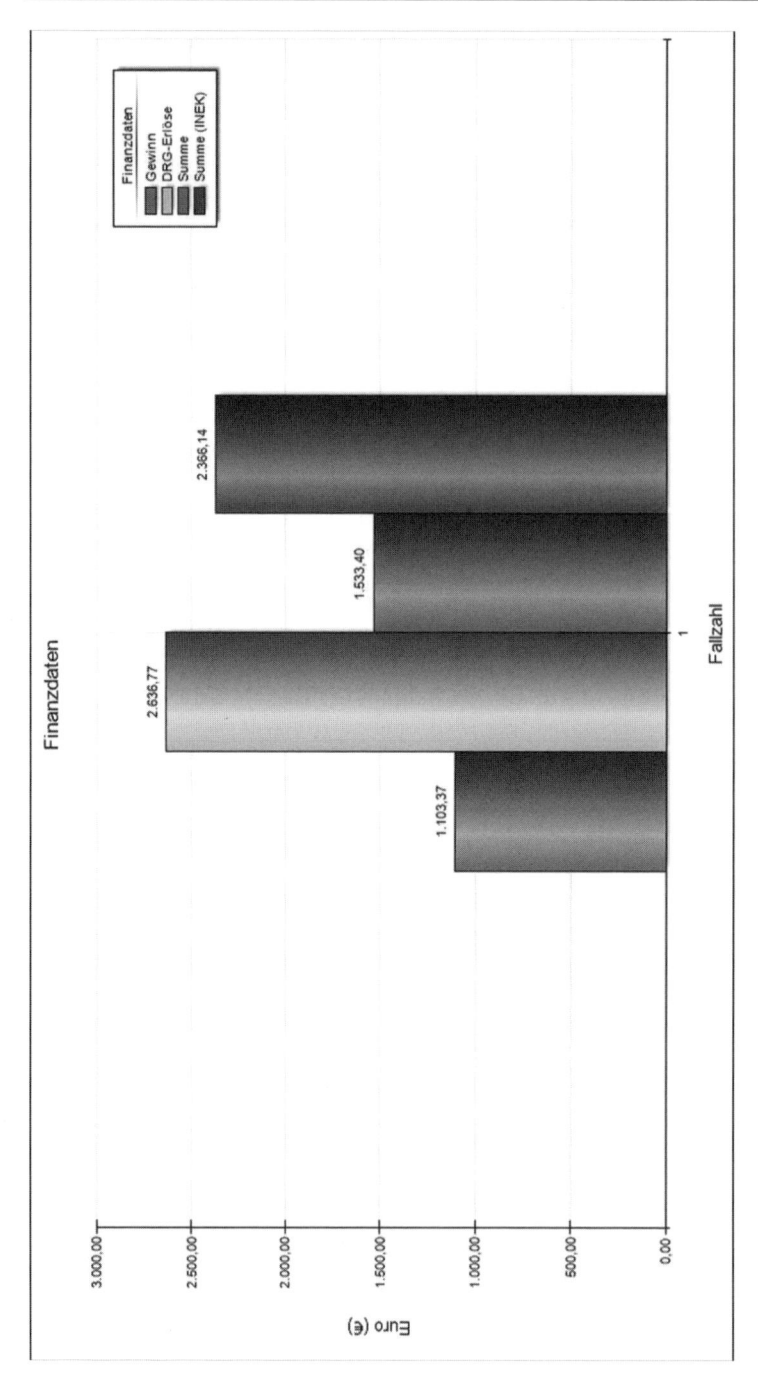

Abb. 13: Kalkulierter Patientengewinn, DRG H08B, Summe = Istkosten, Summe INEK = INEK-Kosten

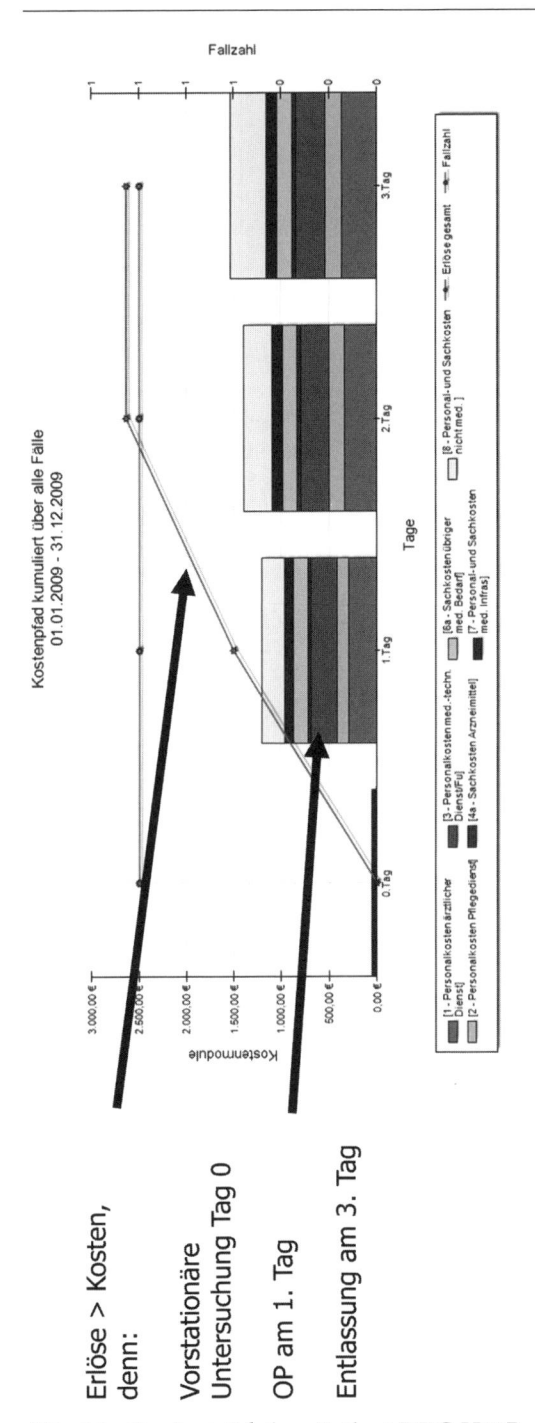

Abb. 14: Gewinnträchtiger Patient DRG H08B mit elektiver Operation

Finanzmanagement im Krankenhaus

L-Datum	Tag	erbringende Kostenstelle	Menge	EINHEIT	Preis	Kosten	LEISTTEXT	Katalog	Leistungskürzel	Bezeichnung	anfordernde Kostenstelle
17.11.2009	-5	Chir 2 / Chirurgie II Allg	6,695	WERT	1	6,695	Restkosten zu den kalkulierten Kosten				Chir 2 / Chirurgie II Allg
17.11.2009	-5	Labor	100	Punkte	0,025007	2,5007	Leistungspunkte nach GOÄ	3524	CRP	Chir 2 / Chirurgie II Allg
17.11.2009	-5	Labor	60	Punkte	0,025007	1,50042	Leistungspunkte nach GOÄ	3550	Blutbild	Chir 2 / Chirurgie II Allg
17.11.2009	-5	Labor	60	Punkte	0,025007	1,50042	Leistungspunkte nach GOÄ	3550	Blutbild	Chir 2 / Chirurgie II Allg
17.11.2009	-5	Labor	30	Punkte	0,025007	0,75021	Leistungspunkte nach GOÄ	3557		Chir 2 / Chirurgie II Allg
17.11.2009	-5	Labor	30	Punkte	0,025007	0,75021	Leistungspunkte nach GOÄ	3558	Natrium	Chir 2 / Chirurgie II Allg
17.11.2009	-5	Labor	40	Punkte	0,025007	1,00028	Leistungspunkte nach GOÄ	3560	Kalium	Chir 2 / Chirurgie II Allg
17.11.2009	-5	Labor	50	Punkte	0,025007	1,25035	Leistungspunkte nach GOÄ	3585H1	Glukose	Chir 2 / Chirurgie II Allg
17.11.2009	-5	Labor	50	Punkte	0,025007	1,25035	Leistungspunkte nach GOÄ	3605	Kreatinin	Chir 2 / Chirurgie II Allg
17.11.2009	-5	Labor	200	Punkte	0,025007	5,0014	Leistungspunkte nach GOÄ	3607	TPZ / aPTT, Einfachbestimm.	Chir 2 / Chirurgie II Allg
17.11.2009	-5	Labor	300	Punkte	0,025007	7,5021	Leistungspunkte nach GOÄ	4000	Kreuzprobe im NaCl	Chir 2 / Chirurgie II Allg
18.11.2009	-4	Labor	500	Punkte	0,025007	12,5035	Leistungspunkte nach GOÄ	3982	ABO + Isoagglutinine	Chir 2 / Chirurgie II Allg
18.11.2009	-4	Labor	500	Punkte	0,025007	12,5035	Leistungspunkte nach GOÄ	3983	ABO + Isoagglutinine	Chir 2 / Chirurgie II Allg
18.11.2009	-4	Labor	200	Punkte	0,025007	5,0014	Leistungspunkte nach GOÄ	3985	Blutgruppenmerkmal	Chir 2 / Chirurgie II Allg
18.11.2009	-4	Labor	200	Punkte	0,025007	5,0014	Leistungspunkte nach GOÄ	3988	AK-Suchtest, mehr als	Chir 2 / Chirurgie II Allg
23.11.2009	1	Chir 2 / Chirurgie II Allg	6,695	WERT	1	6,695	Restkosten zu den kalkulierten Kosten				Chir 2 / Chirurgie II Allg
23.11.2009	1	Chir 2 / Chirurgie II Allg	1	Tage	122,000335	122,000335	vollstationäre Pflegetage Hauptabteilung				Chir 2 / Chirurgie II Allg
23.11.2009	1	Chir 2 / Chirurgie II Allg	1	FALL	13,683686	13,683686	vollstationäre Stationsfälle				Chir 2 / Chirurgie II Allg
23.11.2009	1	OP	134	Minuten	0,82037	109,92958	Pflegeminuten				Chir 2 / Chirurgie II Allg
23.11.2009	1	OP	45	Minuten	2,988156	134,46702	501 Schnitt-Naht-Zeit	OPBUCHNR	64182		Chir 2 / Chirurgie II Allg
23.11.2009	1	OP	85	Minuten	2,608703	221,739755	507 Anästhesie-Präsenz-Team	OPBUCHNR	64182		Chir 2 / Chirurgie II Allg
23.11.2009	1	OP	52	Minuten	1,218909	63,383268	550 Operateur-Team	OPBUCHNR	64182		Chir 2 / Chirurgie II Allg
23.11.2009	1	OP	85	Minuten	3,887165	330,409025	551 Anästhesist-Team	OPBUCHNR	64182		Chir 2 / Chirurgie II Allg
23.11.2009	1	OP	52	Minuten	1,218909	63,383268	552 Assistenz-Team-2	OPBUCHNR	64182		Chir 2 / Chirurgie II Allg
23.11.2009	1	OP	111	Minuten	0,58347	64,76517	554 Instrumentiere-T	OPBUCHNR	64182		Chir 2 / Chirurgie II Allg
23.11.2009	1	OP	111	Minuten	0,58347	64,76517	554 Instrumentiere-T	OPBUCHNR	64182		Chir 2 / Chirurgie II Allg
23.11.2009	1	OP	111	Minuten	0,58347	64,76517	555 Springer-Team-2	OPBUCHNR	64182		Chir 2 / Chirurgie II Allg
24.11.2009	2	Chir 2 / Chirurgie II Allg	6,695	WERT	1	6,695	Restkosten zu den kalkulierten Kosten				Chir 2 / Chirurgie II Allg
24.11.2009	2	Chir 2 / Chirurgie II Allg	1	Tage	122,000335	122,000335	vollstationäre Pflegetage Hauptabteilung				Chir 2 / Chirurgie II Allg
24.11.2009	2	Chir 2 / Chirurgie II Allg	92	Minuten	0,82037	75,47404	Pflegeminuten				Chir 2 / Chirurgie II Allg
25.11.2009	3	Chir 2 / Chirurgie II Allg	6,695	WERT	1	6,695	Restkosten zu den kalkulierten Kosten				Chir 2 / Chirurgie II Allg
25.11.2009	3	Chir 2 / Chirurgie II Allg	1	Tage	122,000335	122,000335	vollstationäre Pflegetage Hauptabteilung				Chir 2 / Chirurgie II Allg
25.11.2009	3	Labor	100	Punkte	0,025007	2,5007	Leistungspunkte nach GOÄ	3524	CRP	Chir 2 / Chirurgie II Allg
25.11.2009	3	Labor	60	Punkte	0,025007	1,50042	Leistungspunkte nach GOÄ	3550	Blutbild	Chir 2 / Chirurgie II Allg
25.11.2009	3	Labor	60	Punkte	0,025007	1,50042	Leistungspunkte nach GOÄ	3550	Blutbild	Chir 2 / Chirurgie II Allg
25.11.2009	3	Labor	40	Punkte	0,025007	1,00028	Leistungspunkte nach GOÄ	3581H1	Bilirubin, gesamt	Chir 2 / Chirurgie II Allg
25.11.2009	3	Labor	40	Punkte	0,025007	1,00028	Leistungspunkte nach GOÄ	3587H1	Alkalische Phosphatase	Chir 2 / Chirurgie II Allg
25.11.2009	3	Labor	40	Punkte	0,025007	1,00028	Leistungspunkte nach GOÄ	3592H1	Gamma-GT	Chir 2 / Chirurgie II Allg
25.11.2009	3	Labor	40	Punkte	0,025007	1,00028	Leistungspunkte nach GOÄ	3594H1	GOT / ASAT / AST	Chir 2 / Chirurgie II Allg
25.11.2009	3	Labor	40	Punkte	0,025007	1,00028	Leistungspunkte nach GOÄ	3595H1	GPT / ALAT / ALT	Chir 2 / Chirurgie II Allg

Vor-stationäre Diagnostik

OP sofort, kurze stationäre Liegezeit

Abb. 15: chronologischer Patientenprozess

Steuerungsgrößen

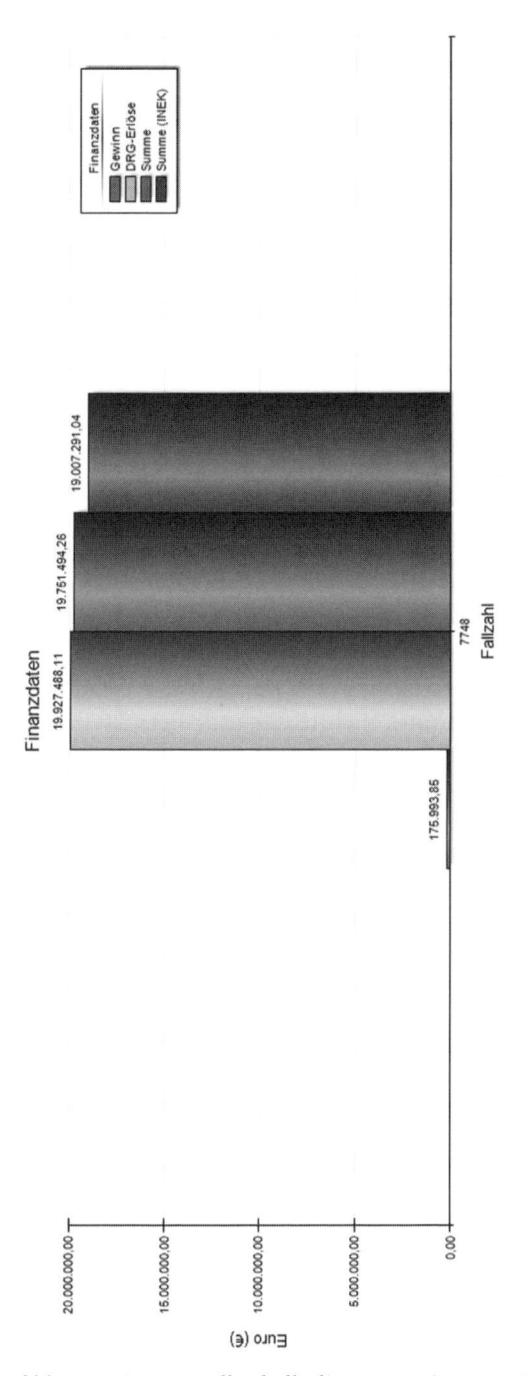

Abb. 16: Summe aller kalkulierten stationären Patienten mit positivem Jahresergebnis, Summe = Istkosten, Summe INEK = INEK-Kosten

79 Mit diesem verbesserten Prozess stimmen auch die Kosten: Kosten DRG H08B Ist: 1.751,61/INEK: 2.403,97.

Auf ähnliche Weise lassen sich die Prozesse weiterer defizitärer DRG oder Patienten analysieren und optimieren.

80 **Zukunftsvisionen:** Die Prozessorientierte Kostenträgerrechnung in Verbindung mit dem eingeführten Case-Management hat sich in einem Krankenhaus der Grund- und Regelversorgung bewährt. Als kommunales Krankenhaus hat das betreffende Krankenhaus im Jahr 2009 seit vielen Jahren erstmals ein positives stationäres Jahresergebnis erzielt, an dem die Prozessoptimierung einen großen Beitrag leistete.

3.5 DRG-Kostenermittlung für Einsteiger[6]

3.5.1 Kostenträgerrechnung nach dem INEK-Kalkulationshandbuch 3.0

81 Alles oder nichts – dies ist offenbar die Entscheidungsgrundlage der bundesdeutschen Krankenhäuser, wenn es um die Einführung eines Kostenermittlungsverfahrens auf Patientenebene oder DRG-Ebene geht. Alles, das bedeutet Teilnahme am Kalkulationsverfahren des INEK-Instituts. Nichts, das bedeutet, das Krankenhaus verzichtet auf jegliche Informationen, die detaillierter als Kostenstellen- oder Kostenartenrechnungen greifen. Viele Krankenhäuser scheuen den Erhebungsaufwand, den das INEK-Kalkulationshandbuch 3.0 ihnen abverlangt. Auch verfügen viele Krankenhäuser über heterogene Krankenhaus-Informationssysteme, deren Daten schwierig zusammen zu führen sind. Vielfach existieren auch keine Aufzeichnungen über ausgeführte Untersuchungen. Und letztlich verbleibt die Frage: Ist das INEK-Kalkulationsverfahren wirklich das Maß aller Dinge? Ist diese Kostenermittlung tatsächlich die einzige Alternative, Kosten der Behandlungsprozesse zu ermitteln? Unbestritten bleibt die Notwendigkeit, sich einen Überblick über die Wirtschaftlichkeit von DRGs und Patientenprozessen zu verschaffen und daraus ggf. Strategien für das Unternehmen Krankenhaus abzuleiten. Dieser Herausforderung sollte sich jedes Krankenhaus stellen, unabhängig vom ausgewählten Verfahren.

---

6 Vgl. Emmerich: DRG-Kostenermittlung für Einsteiger, in: Krankenhaus IT Journal, Ausgabe 5/2010, S. 44-45.

3.5.2 Notwendigkeit eines Überblicks über Gewinne und Verluste im stationären Bereich

Sollte sich Ihr Krankenhaus wie die Mehrheit bundesdeutscher Krankenhäuser entschieden haben, nicht am Kalkulationsverfahren des INEK-Instituts teilzunehmen, bleiben trotzdem die Fragen: 82

- Wie erhalte ich einen Überblick über die DRG-Gewinne und DRG-Verluste?
- Welche DRG-Behandlungsprozesse sind rentabel, welche unrentabel?

Globaler Überblick über die DRG-Kosten möglich: Um es vorweg zu nehmen: Das nachfolgende grobe Kalkulationsmodell ist keine klassische DRG-Kostenträgerrechnung. Es ermöglicht dv-technisch auch keine Ursachenanalyse über defizitäre DRG in Ihrem Hause. Es ist aber ein Versuch, die Kosten Ihrer DRG global zu schätzen. 83

Das Prinzip ist denkbar einfach: 84

- **Schritt 1:** Sie ermitteln im Rahmen eines Betriebsabrechnungsbogens die Brutto-Jahreskosten Ihrer Medizinischen Fachabteilungen, wobei Sie frei über den Verteilungsschlüssel entscheiden. Diese Jahreskosten erfassen Sie in einem ACCESS-Tool.

Der Betriebsabrechnungsbogen

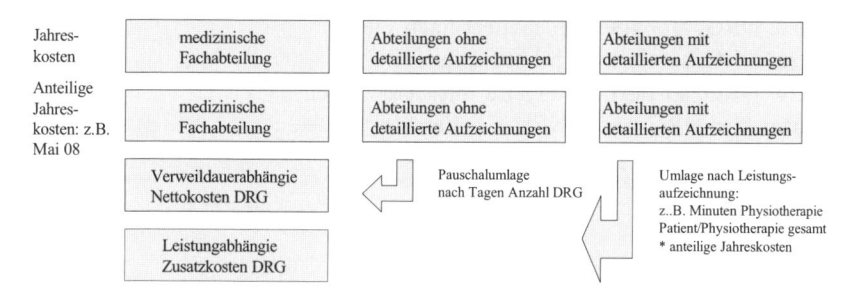

Abb. 17: Kostenverteilung auf Medizinische Fachabteilungen einmal jährlich

- Schritt 2: Sie verteilen die zeitanteiligen Brutto-Jahreskosten nach einer sogenannten Kapazitätsbindung auf alle DRG.
 Kapazitätsbindung = Casemixindex x Ist-Verweildauer/Mittlere Verweildauer[7]

---

7 Mittlere Verweildauer laut Fallpauschalenkatalog.

Finanzmanagement im Krankenhaus

```
┌─────────────────────────┐        ┌─────────────────────────┐
│   Bundesweiter DRG      │        │  Krankenhaus St. Anna,  │
│  Fallpauschalen-Katalog │        │   Sulzbach-Rosenberg    │
└─────────────────────────┘        └─────────────────────────┘
             │                                  │
┌─────────────────────────┐        ┌─────────────────────────┐
│ DRG-Bewertungsrelationen│        │Individuelle Abteilungs- │
│ ermittelt aus Handbuch  │        │kosten der Fachabteilung,│
│ zur Kalkulation von     │        │     aufgeteilt nach ... │
│    Fallkosten           │        │                         │
└─────────────────────────┘        └─────────────────────────┘
             ▼                                  ▼
┌─────────────────────────┐        ┌─────────────────────────┐
│      Kosten je DRG      │        │ Kapazitätsbindung der DRG│
└─────────────────────────┘        └─────────────────────────┘
             ▼                                  ▲
┌─────────────────────────┐   ┌──────────┐   ┌──────────┐
│ Bewertungsrelationen je │ ⇒ │ Korrektur│ ⇒ │ Korrektur│
│         DRG             │   │Verweildauer│ │Anzahl DRG│
└─────────────────────────┘   └──────────┘   └──────────┘
```

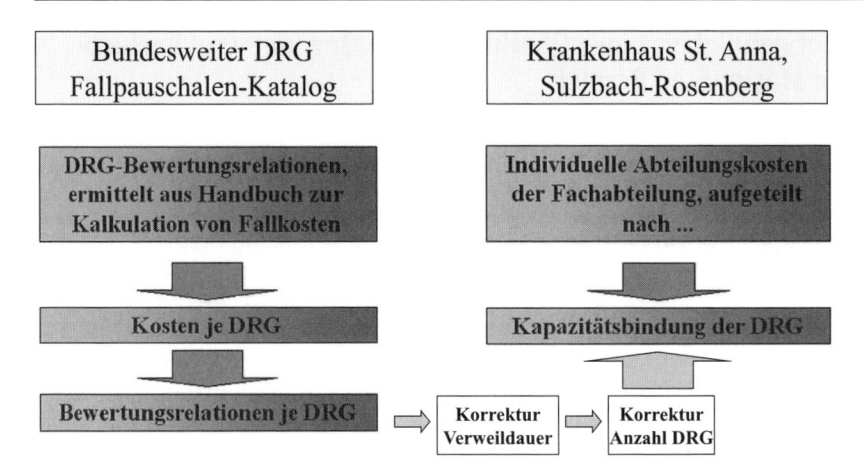

Abb. 18: Kostenverteilung der anteiligen Jahreskosten der Medizinische Fachabteilungen auf die DRG

85 Voraussetzung für die Verteilung der DRG-Kosten ist der Import der DRG-Daten in Form einer E1-Auswertung nach vorgeschriebenem Muster. Dieser Import kann zu jedem beliebigen Zeitpunkt erfolgen und entsprechend der anteiligen Jahreskosten ausgewertet werden.

86 Als Auswertungen stehen zur Verfügung:
- Kalkulierte DRG, alphabetisch sortiert nach DRG
- Kalkulierte DRG, sortiert nach häufigster DRG
- Kalkulierte DRG, sortiert absteigend nach Gewinnen
- Kostenarten der DRG nach INEK-Gliederung.

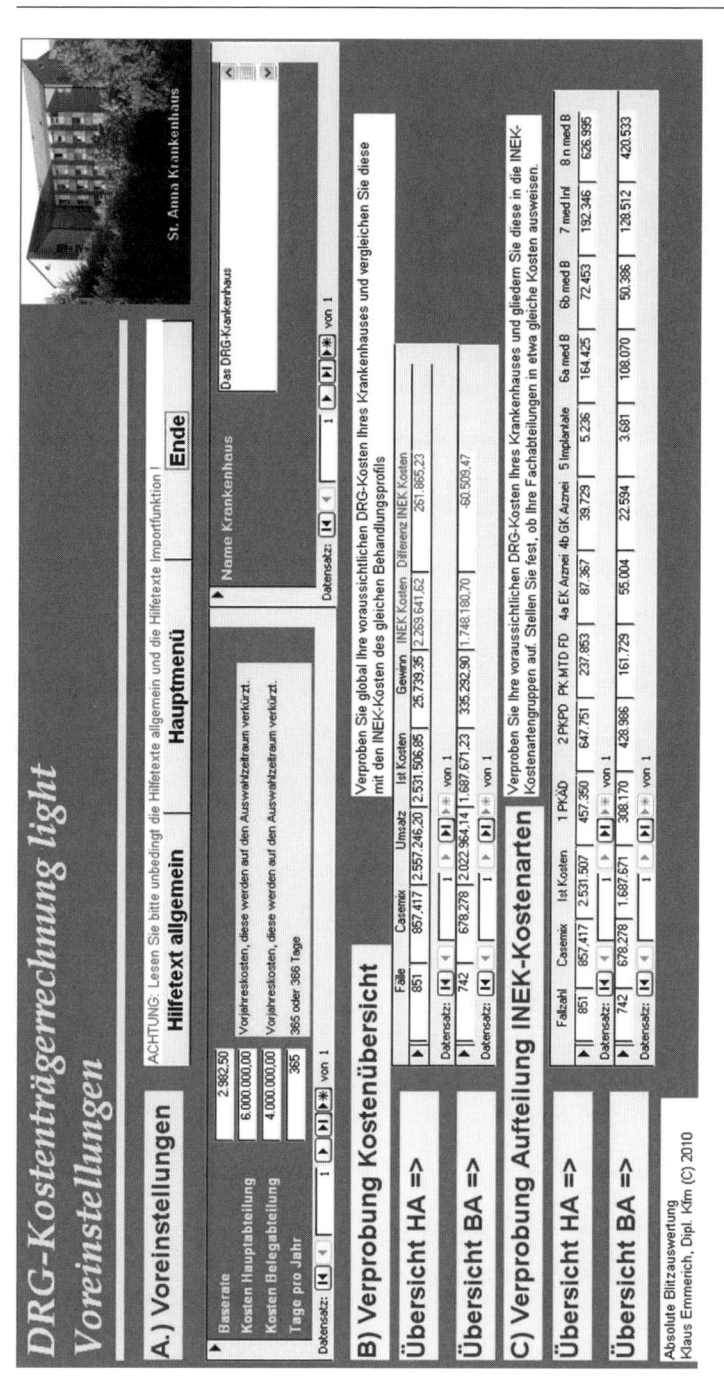

Abb. 19: Übersicht über Gewinn bzw. Verlust auf Abteilungsebene, Vergleich der kalkulierten Kosten mit den INEK-Sollkosten

DRG Kalkulation nach DRG Hauptabteilung

Das DRG-Krankenhaus

Auswahlzeitraum: 01.01.2010 bis 03.06.2010

	Summe	Fallzahl	CM eff	Umsatz	Ist Kosten	Gewinn	INEK Kosten	Istkosten INEK
		851	857,417	2.557.246,20 €	2.531.506,85	25.739,35 €	2.269.641,62 €	261.865,23
DRG	Bezeichnung	Fallzahl	CM eff	Umsatz	Ist Kosten	Gewinn	INEK Kosten	Istkosten INEK
901D	Ausgedehnte OR-Prozedur ohne Bezug zur H	6	12,24	36.505,80 €	55.747,17	-19.241,37 €	32.760,00 €	22.987,17
A07C	Beatmung > 999 und < 1800 Stunden mit ko	1	28,298	84.398,79 €	77.249,27	7.149,51 €	77.837,77 €	-588,50
A09F	Beatmung > 499 und < 1000 Stunden ohne k	1	12,727	37.958,28 €	35.843,32	2.114,96 €	31.131,28 €	4.712,04
A11E	Beatmung > 249 und < 500 Stunden ohne ko	2	20,808	62.059,86 €	63.907,51	-1.847,65 €	54.768,92 €	9.138,59
A11F	Beatmung > 249 und < 500 Stunden ohne ko	3	23,271	69.405,76 €	89.268,10	-19.862,35 €	68.749,02 €	20.519,08
A13E	Beatmung > 95 und < 250 Stunden ohne kom	4	26,48	78.976,60 €	69.433,00	9.543,60 €	71.865,72 €	-2.432,72
B60B	Nicht akute Paraplegie/Tetraplegie, ein Bele	1	0,224	668,08 €	704,82	-36,74 €	670,32 €	34,50
B66B	Neubildungen des Nervensystems mit äußerst	1	1,36	4.056,20 €	2.995,48	1.060,72 €	3.352,65 €	-357,17
B67A	Morbus Parkinson mit äußerst schweren CC o	5	7,82	23.323,15 €	20.145,03	3.178,12 €	22.030,30 €	-1.885,27
B67B	Morbus Parkinson ohne äußerst schwere CC,	1	1,193	3.558,12 €	6.063,81	-2.505,69 €	3.110,58 €	2.953,23
B68A	Multiple Sklerose und zerebellare Ataxie mit	1	1,816	5.416,22 €	518,85	5.935,07 €	4.319,40 €	-4.838,25
B68C	Multiple Sklerose und zerebellare Ataxie, ein	3	3,018	9.001,19 €	9.215,69	-214,51 €	8.287,62 €	928,07
B70E	Apoplexie ohne neurologische Komplexbeha	2	3,068	9.150,31 €	10.184,88	-1.034,57 €	7.807,06 €	2.377,82
B70I	Apoplexie, ein Belegungstag	4	1,096	3.268,82 €	3.448,58	-179,76 €	3.094,92 €	353,66

Abb. 20: Kalkulierte DRG, sortiert nach DRG

DRG Kalkulation häufigste DRG Hauptabteilung

Auswahlzeitraum: 01.01.2010 bis 03.06.2010

Das DRG-Krankenhaus

	Summe	Fallzahl	CM eff	Umsatz	Ist Kosten	Gewinn	INEK Kosten	Istkosten INEK
		851	857,417	2.557.246,20 €	2.531.506,85	25.739,35 €	2.269.641,62 €	261.865,23
DRG	Bezeichnung	Fallzahl	CM eff	Umsatz	Ist Kosten	Gewinn	INEK Kosten	Istkosten INEK
E77C	Andere Infektionen und Entzündungen der At	92	116,196	346.554,57 €	305.800,29	40.754,28 €	342.680,68 €	-36.880,39
G67B	Ösophagitis, Gastroenteritis u. versch. Erkr. d	86	49,88	148.767,10 €	156.818,10	-8.051,00 €	128.515,82 €	28.302,28
F74Z	Thoraxschmerz	56	22,68	67.643,10 €	11.868,34	55.774,76 €	60.585,28 €	-48.716,94
E69B	Bronchitis und Asthma bronchiale, mehr als e	40	26,68	79.573,10 €	82.230,70	-2.657,60 €	67.700,00 €	14.530,70
F67D	Hypertonie ohne äußerst schwere oder schwer	40	20,44	60.962,30 €	53.396,51	7.565,79 €	52.606,00 €	790,51
G67C	Ösophagitis, Gastroenteritis und verschiedene	23	11,684	34.847,53 €	38.794,42	-3.946,89 €	32.216,10 €	6.578,32
E65A	Chronisch-obstruktive Atemwegserkrankung	22	25,19	75.129,18 €	73.295,30	1.833,87 €	63.214,14 €	10.081,16
F71B	Nicht schwere kardiale Arrhythmie und Erreg	21	16,737	49.918,10 €	48.951,41	966,69 €	40.955,46 €	7.995,95
F71A	Nicht schwere kardiale Arrhythmie und Erreg	18	20,556	61.308,27 €	50.585,09	10.723,18 €	53.237,52 €	-2.652,43
B76E	Anfälle, mehr als ein Belegungstag, ohne kom	17	12,835	38.280,39 €	32.304,17	5.976,21 €	32.952,46 €	-648,29
K60E	Diabetes mellitus ohne komplizierende Diagn	16	14,48	43.186,60 €	51.319,24	-8.132,64 €	36.797,12 €	14.522,12

Abb. 21: Kalkulierte DRG, sortiert nach häufigster DRG

Finanzmanagement im Krankenhaus

DRG Kalkulation nach Gewinnen Hauptabteilung
Das DRG-Krankenhaus

Auswahlzeitraum: 01.01.2010 bis 03.06.2010

	Fallzahl	CM eff	Umsatz	Ist Kosten	Gewinn	INEK Kosten	Istkosten INEK
Summe	851	857,417	2.557.246,20 €	2.531.506,85	25.739,35 €	2.269.641,62 €	261.865,23
DRG Bezeichnung	**Fallzahl**	**CM eff**	**Umsatz**	**Ist Kosten**	**Gewinn**	**INEK Kosten**	**Istkosten INEK**
F74Z Thoraxschmerz	56	22,68	67.643,10 €	11.868,34	55.774,76 €	60.585,28 €	-48.716,94
E77C Andere Infektionen und Entzündungen der At	92	116,196	346.554,57 €	305.800,29	40.754,28 €	342.680,68 €	-36.880,39
H60Z Leberzirrhose und bestimmte nichtinfektiöse	9	13,347	39.807,43 €	28.836,87	10.970,55 €	34.080,12 €	-5.243,25
F71A Nicht schwer kardiale Arrhythmie und Erreg	18	20,556	61.308,27 €	50.585,09	10.723,18 €	53.237,52 €	-2.652,43
F62A Herzinsuffizienz und Schock mit äußerst sch	3	4,728	14.101,26 €	3.666,27	10.434,99 €	12.753,45 €	-9.087,18
F77Z Komplexbehandlung bei multiresistenten Erre	7	14,049	41.901,14 €	32.126,63	9.774,51 €	34.265,28 €	-2.138,65
A13E Beatmung > 95 und < 250 Stunden ohne kom	4	26,48	78.976,60 €	69.433,00	9.543,60 €	71.865,72 €	-2.432,72
H05Z Laparotomie und mäßig komplexe Eingriffe a	2	4,936	14.721,62 €	6.489,07	8.232,55 €	13.533,58 €	-7.044,51
D62Z Epistaxis oder Otitis media oder Infektionen d	10	3,99	11.900,18 €	3.697,83	8.202,33 €	10.922,30 €	-7.224,45
F67D Hypertonie ohne äußerst schwere oder schwer	40	20,44	60.962,30 €	53.396,51	7.565,79 €	52.606,00 €	790,51
B76C Anfälle, mehr als ein Belegungstag, ohne kom	2	2,896	8.637,32 €	1.221,84	7.415,48 €	7.537,64 €	-6.315,80
A07C Beatmung > 999 und < 1800 Stunden mit ko	1	28,298	84.398,79 €	77.249,27	7.149,51 €	77.837,77 €	-588,50
E75C Andere Krankheiten der Atmungsorgane ohne	5	2,725	8.127,31 €	1.131,38	6.995,94 €	7.198,05 €	-6.066,67

Abb. 22: Kalkulierte DRG, sortiert absteigend nach Gewinnen

Kostenarten Hauptabteilung

Das DRG-Krankenhaus

Auswahlzeitraum: 01.01.2010 bis 03.06.2010

	Fälle	Casemix	Umsatz	Kosten	1 PKÄD	2 PKPD	3 MTD FD	4a Arznei	4b Arznei	5 Implant.	6a med B	6b med B	7 med I	8 n med I
	851	657,417	2.557.246	2.531.507	457.350	647.750,76	237.852,91	87.367	39.729	5.236	72.453	72.453	192.346	626.995
DRG	Fälle	Casemix	Umsatz	Kosten	1 PKÄD	2 PKPD	3 MTD FD	4a Arznei	4b Arznei	5 Implant.	6a med B	6b med B	7 med I	8 n med I
901D	6	12,24	36.506	55.747	10.376	11.642,99	6.258,18	1.659	679	1.750	3.836	2.085	4.449	13.011
A07C	1	28,298	84.399	77.249	14.511	25.967,11	3.936,63	4.144	3.077	139	7.056	1.248	4.513	12.657
A09F	1	12,727	37.958	35.843	6.374	14.041,82	1.408,41	2.135	571	36	2.978	485	1.909	5.905
A11E	2	20,808	62.060	63.908	11.714	21.473,98	3.619,99	3.213	2.507	373	5.519	1.162	3.723	10.603
A11F	3	23,271	69.406	89.268	16.033	31.936,75	4.256,57	4.913	2.203	316	7.630	1.492	5.351	15.138
A13E	4	26,48	78.977	69.433	13.148	21.991,29	4.715,12	3.308	2.162	469	5.694	1.447	4.400	12.098
B60B	1	0,224	668	705	134	132,97	88,70	16	1	0	46	49	54	183
B66B	1	1,36	4.056	2.995	520	845,25	283,44	120	51	1	152	96	237	691
B67A	5	7,82	23.323	20.145	2.755	6.596,01	2.422,45	677	152	0	628	461	1.237	5.217
B67B	1	1,193	3.558	6.064	983	1.600,98	687,85	166	37	0	193	151	388	1.857
B68A	1	1,816	5.416	-519	-67	-167,08	-53,74	-14	-6	0	-17	-13	-27	-154
B68C	3	3,018	9.001	9.216	1.889	1.508,55	1.186,73	168	98	0	590	651	732	2.392
B70E	2	3,068	9.150	10.185	1.705	3.023,84	913,70	328	255	1	551	368	703	2.336

Abb. 23: Kostenarten der DRG nach INEK-Gliederung

87 **Aussagefähigkeit der ermittelten Kosten und Ergebnisse:** Wie bereits erwähnt, werden die Kosten Ihrer DRG global geschätzt. Die Schätzung hat ihre größten Einschränkungen dort, wo Sie über sehr materialintensive Behandlungsprozesse verfügen. Möchten Sie Sicherheit über die Genauigkeit Ihrer Daten haben, hilft Ihnen zumindest der Vergleich der Aufteilung Ihrer Kosten nach dem INEK-Kostenartenschema. Sollten sich Ihre hauseigenen Kostenarten, insbesondere die Personalkosten 1 (ärztlicher Dienst) bis Sachkosten 6b (medizinische Infrastruktur) mit der geschätzten INEK-Aufteilung decken, können Sie von einer annähernd korrekten Kostenschätzung aus gehen.

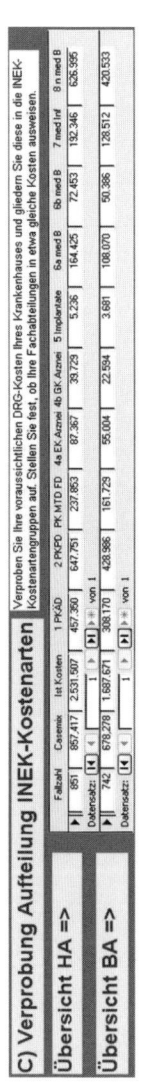

Abb. 24: Geschätzte Aufteilung der DRG-Kosten auf die INEK-Kostenarten

3.5.3 Schlussfolgerungen

Die Ursachen für die ermittelten Kosten lassen sich aus dieser globalen Berechnung nicht ermitteln. Die Aussagen sind begrenzt aber besser, als über keine Aussagen zu verfügen. Bei besonders defizitären DRG empfehlen wir zunächst den Blick auf die Verweildauer der DRG im Vergleich zur mittleren Verweildauer des DRG-Fallpauschalenkatalog und anschließend ggf. den Blick in die Patientenakten.

88

Die hier vorgestellte Kostenermittlung ist ein erprobtes Einsteigermodell, das mittlerweile durch eine detaillierte prozessorientierte Kostenträgerrechnung abgelöst wurde. Das ACCESS-Tool oder eine noch einfachere Excel-Version können Sie kostenfrei auf der Homepage www.ktr-kh.npage.de herunter laden. Für die Berechnungen wird jedoch keine Gewähr übernommen.

89

3.6 Prozessorientierung und SixSigma[8]

3.6.1 Industrielle SixSigma-Methode im Gesundheitswesen

Ist ein industrielles statistisches Verfahren zur Optimierung von Prozessabläufen im Gesundheitswesen einsetzbar? Dieser Fragestellung stellte sich das St. Anna Krankenhaus des Kommunalunternehmens „Krankenhäuser des Landkreises Amberg-Sulzbach" gemeinsam mit der Six Sigma TC GmbH. Untersucht werden sollten die Patientenkalkulationen der INEK-Kostenträgerrechnung hinsichtlich möglicher Prozessveränderungen und den daraus resultierenden verbesserten Kalkulationsergebnissen. Behandlungsprozesse sollten optimiert und Kosten im Gesundheitswesen begrenzt werden.

90

Six Sigma ist eine Vorgehensweise zur Verbesserung von Prozessen und Dienstleistungen. Wenn es darum geht, die betriebliche Effizienz zu verbessern, die Produktivität zu steigern und Kosten zu senken, ist Six Sigma kaum zu schlagen. Zwei Ziele werden verfolgt: maximaler Unternehmenserfolg und gleichzeitig völlige Zufriedenheit des Kunden, der im beschriebenen Fall an einer fehlerfreien und verbesserten Patientenkalkulation interessiert ist.

91

---

8 Vgl. Melzer: Wirtschaft in Ostwürttemberg 10/2010, Heidenheim 2010; Emmerich/Roppelt/Melzer: SixSigma und prozessorientierte Kostenträgerrechnung, in: Krankenhaus IT Journal 6/2010, S. 16-17.

Vision
- Tool
- Statistik
- Messsystem
- Benchmark
- Philosophie
- Symbol
- Ziel
- Einstellung

Methode

Völlige Kundenzufriedenheit + Maximaler Unternehmenserfolg

Ziel

Six Sigma ist
- eine systematische und strukturierte Durchbruchmethode
- zur nachhaltigen Verbesserung von Prozessen und Abläufen (und Produkten)
- in allen Bereichen des Unternehmens

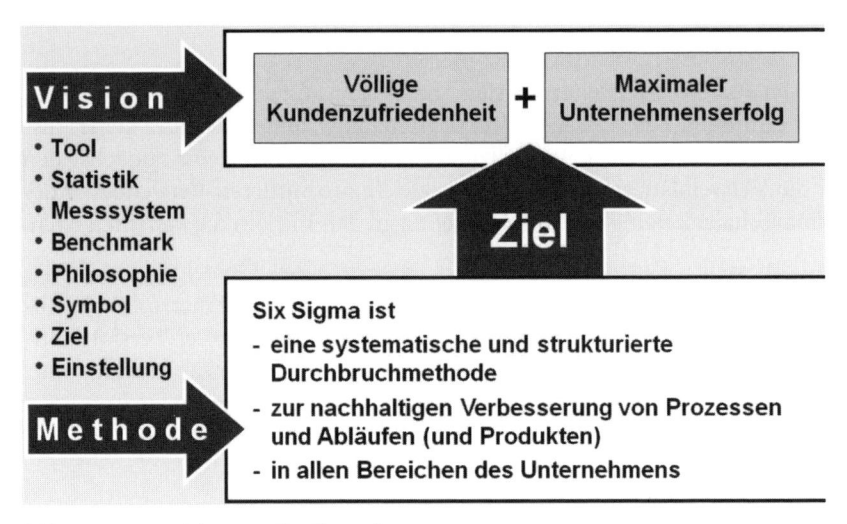

Abb. 25: Die Ziele von Six Sigma[9]

92 Prozessveränderungen erfordern personellen und vielfach auch finanziellen Aufwand. Es ist durchaus vorstellbar, dass nicht die vorgenommene Prozessveränderung sondern andere fremde Einflussgrößen zu dem gewünschten Erfolg führen. Um dies auszuschließen, wird die SixSigma-Methode eingesetzt. In der Erprobungsphase wird statistisch nachgewiesen, dass genau die vorgeschlagene Prozessveränderung eine Verbesserung bewirkt. Kann dieser Nachweis nicht erbracht werden, wird nach anderen Möglichkeiten für Verbesserungen gesucht. Das spart unnötigen Zeitaufwand und unnötige Kosten in den betroffenen Bereichen.

93 Six Sigma ist ein präzise strukturiertes projektbezogenes statistisches Verfahren zur Verbesserung von Prozessen mit den 5 Phasen: Definition des Problems (Define), Messverfahren (Measure), Analyse des Problems (Analyze), Beseitigung des Problems (Improve) und Kontrolle (Control).

---

9 Vgl. Melzer: Wirtschaft in Ostwürttemberg 10/2010, Heidenheim 2010; Emmerich/Roppelt/Melzer: SixSigma und prozessorientierte Kostenträgerrechnung, in: Krankenhaus IT Journal 6/2010, S. 16-17.

Die Projektphasen haben folgende Bedeutung:

Tab. 29: Projektphasen von SixSigma[10]

D	Define	Der bestehende Prozess (z. B. Patientenkalkulation) wird mit Daten, Fakten und Zielen beschrieben.
M	Measure	In der Messphase wird die konkrete Leistung (kalkulierter Patient) des bestehenden Prozesses (Behandlung des Patienten) ermittelt. Wesentlicher Teil ist die Prüfung und ggf. die Verbesserung der Messsysteme.
A	Analyse	Die wirklichen, auch tieferen Ursachen der Problemstellung (z. B. defizitäre Patientenkalkulationen) sind zu finden; ebenso die Wirkung der sich teilweise gegenseitig beeinflussenden Inputgrößen.
I	Improve	In dieser Phase geht es um die Beseitigung der in der Analyse-Phase nachgewiesenen Ursachen, die zu den bestehenden Problemen führen. Die ermittelten Lösungen werden implementiert, der Erfolg der Maßnahmen ist nachzuweisen.
C	Control	Die erreichten Verbesserungen sind im Langzeitbereich nachzuweisen, zu überwachen und zu sichern. Das Projekt wird mit einer Dokumentation abgeschlossen.

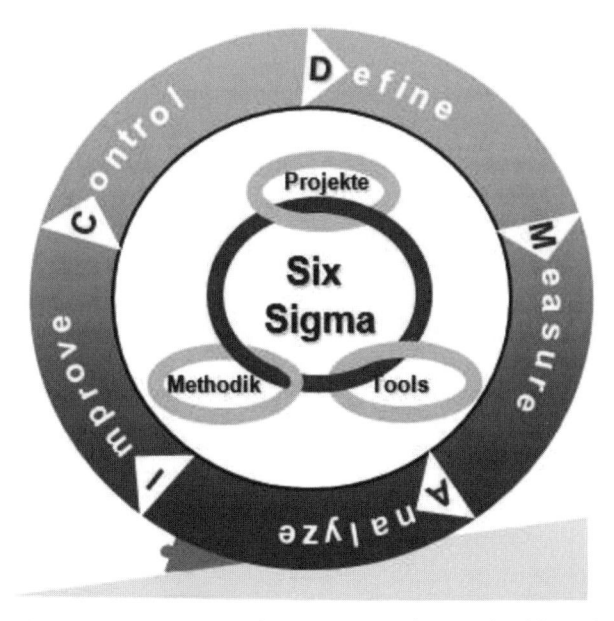

Abb. 26: Die Verknüpfung von Projekt, Methodik und Tools/Werkzeugen[10]

---

10 Vgl. Melzer: Wirtschaft in Ostwürttemberg 10/2010, Heidenheim 2010; Emmerich/Roppelt/Melzer: SixSigma und prozessorientierte Kostenträgerrechnung, in: Krankenhaus IT Journal 6/2010, S. 16-17.

95   Die gesundheitspolitische Herausforderung des SixSigma-Projektes: In der Industrie eingesetzt, wird ein genau definierter Output (z. B. Bremsweg eines Fahrzeugs) optimiert, indem die möglichen Input-Faktoren (z. B. Bremssystem, Bodenfeuchtigkeit u. ä.) variiert werden. Anders als bei einem industriellen Produkt mit entsprechenden Standardprozessen liegen einer prozessorientierten Kostenträgerrechnung jedoch individuelle Patienten mit unterschiedlichen Hauptdiagnosen, Nebendiagnosen, Prozeduren, Untersuchungen, Therapien, Aufenthaltszeiten, Alter und Krankengeschichte als Inputfaktoren zugrunde, die in verschiedener Weise Einfluss auf den Gewinn oder Verlust einer Patientenkalkulation als Output-Größe nehmen. Es gibt als Output eben nicht den einen Gewinn der einen DRG.

Steuerungsgrößen

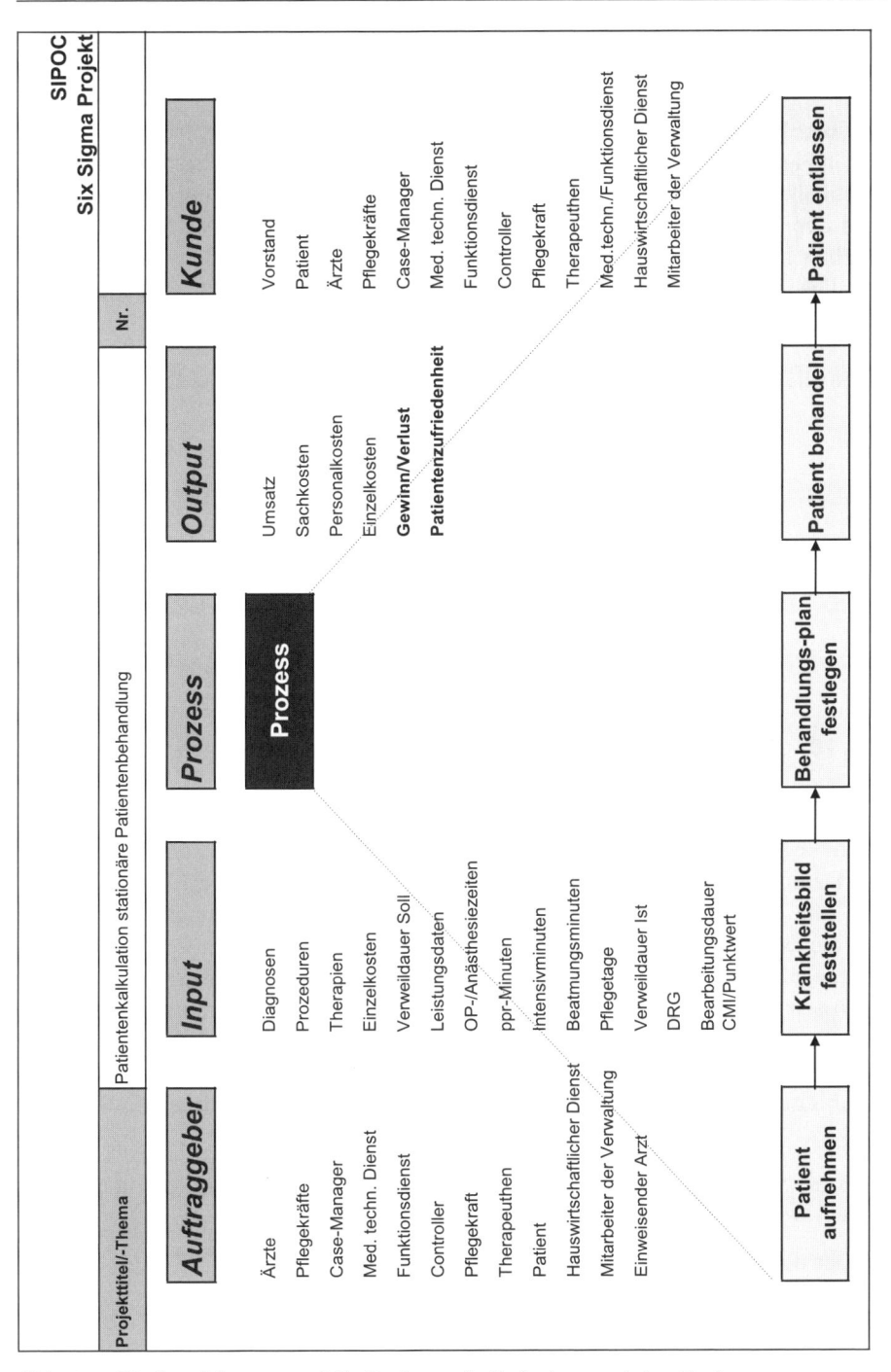

Projekttitel/-Thema	Patientenkalkulation stationäre Patientenbehandlung			SIPOC Six Sigma Projekt
			Nr.	
Auftraggeber	**Input**	**Prozess**	**Output**	**Kunde**
Ärzte	Diagnosen	**Prozess**	Umsatz	Vorstand
Pflegekräfte	Prozeduren		Sachkosten	Patient
Case-Manager	Therapien		Personalkosten	Ärzte
Med. techn. Dienst	Einzelkosten		Einzelkosten	Pflegekräfte
Funktionsdienst	Verweildauer Soll		**Gewinn/Verlust**	Case-Manager
Controller	Leistungsdaten		**Patientenzufriedenheit**	Med. techn. Dienst
Pflegekraft	OP-/Anästhesiezeiten			Funktionsdienst
Therapeuthen	ppr-Minuten			Controller
Patient	Intensivminuten			Pflegekraft
Hauswirtschaftlicher Dienst	Beatmungsminuten			Therapeuthen
Mitarbeiter der Verwaltung	Pflegetage			Med.techn./Funktionsdienst
Einweisender Arzt	Verweildauer Ist			Hauswirtschaftlicher Dienst
	DRG			Mitarbeiter der Verwaltung
	Bearbeitungsdauer CMI/Punktwert			

Patient aufnehmen → Krankheitsbild feststellen → Behandlungsplan festlegen → Patient behandeln → Patient entlassen

Abb. 27: Einflussfaktoren auf die Patientenkalkulation und den Patientenprozess

3.6.2 Datenvalidierung als notwendige Voraussetzung für Prozessveränderungen

96   Glauben Sie Ihren eigenen Daten nicht – dies war die erste zentrale Erkenntnis des SixSigma-Projektes. In einem ersten Schritt wurde die Wirksamkeit der Patientenkalkulation für Steuerungszwecke erprobt. Dazu musste der Genauigkeitsgrad der Patientenkalkulation nachhaltig verbessert werden. Mit großer Zielsicherheit konnten in der INEK-Kostenträgerrechnung Störgrößen durch unvollständige und unkorrekte Dateneinreichungen ausfindig gemacht, Ursachen abgeleitet und Maßnahmen erprobt werden.

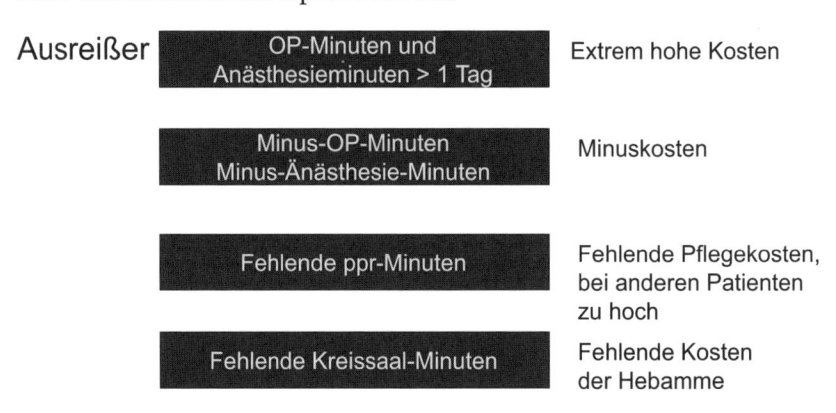

Ausreißer		
	OP-Minuten und Anästhesieminuten > 1 Tag	Extrem hohe Kosten
	Minus-OP-Minuten Minus-Änästhesie-Minuten	Minuskosten
	Fehlende ppr-Minuten	Fehlende Pflegekosten, bei anderen Patienten zu hoch
	Fehlende Kreissaal-Minuten	Fehlende Kosten der Hebamme

Abb. 28: Störfaktoren in der prozessorientierten INEK-Kostenträgerrechnung

97   An dieser Stelle setzte das erste SixSigma-Projekt des St. Anna Krankenhauses unter Begleitung der SixSigma TC GmbH an. Ziel des ersten Teilprojektes war die Datenvalidierung. Unter Testbedingungen wurden Auswertungen zur Ermittlung der Störgrößen erarbeitet und einzelne Testdaten korrigiert. Zu klären war die Frage, inwieweit die Bereinigung der bisher erkannten Störgrößen die Patientenkalkulation signifikant verändern würden, und das dauerhaft. Ausgeschlossen werden sollte, dass mögliche andere Störfaktoren entscheidenderen Einfluss haben. Nur eine statistisch nachweisbare dauerhafte Veränderung der Patientenkalkulation hätte den Aufwand von flächendeckenden Korrekturen und organisatorischen Maßnahmen zur Datenvalidierung gerechtfertigt.

98   Im dargestellten Beispiel konnte eine nachhaltige Veränderung der kalkulierten stationären Patientengewinne durch die eingeleitete Datenvalidierung nachgewiesen werden. Signifikant verbessert haben sich:

- der durchschnittliche Gewinn aller stationären Patienten
- die Streuung der Patientengewinne und -verluste.

Steuerungsgrößen

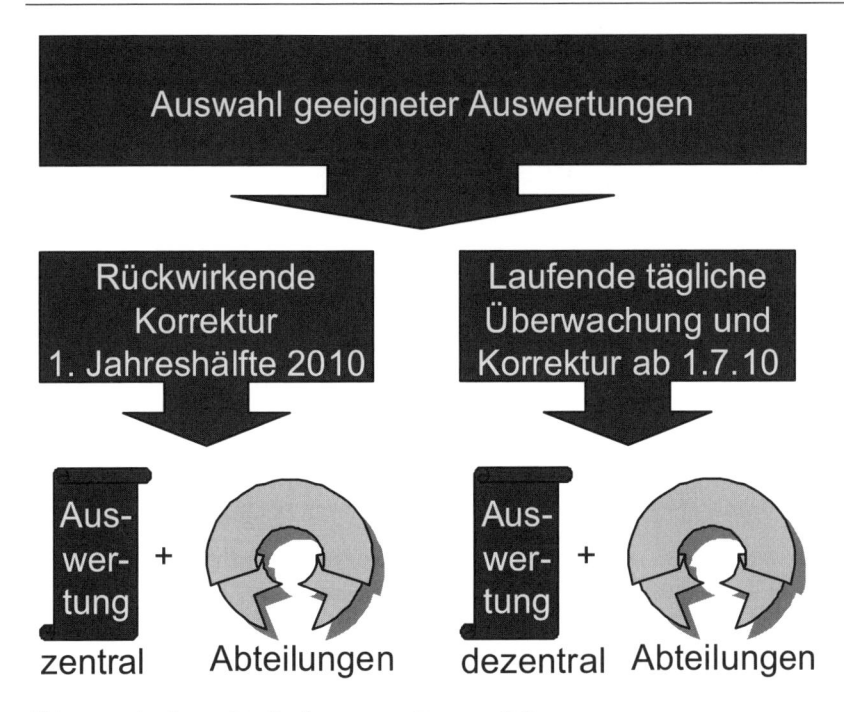

Abb. 29: Geplante Maßnahmen zur Datenvalidierung

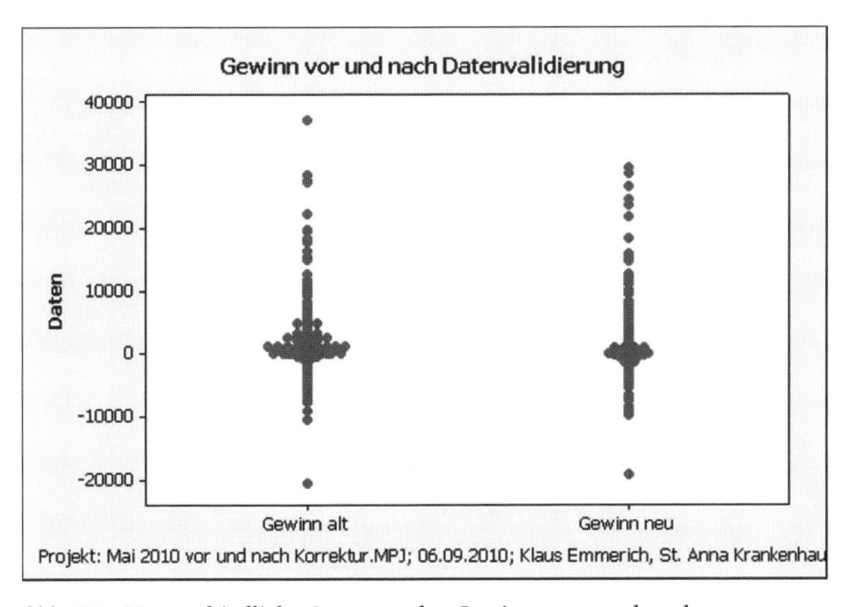

Abb. 30: Unterschiedliche Streuung der Gewinne vor und nach der Datenvalidierung

99 Aufgrund des Nachweises war eine flächendeckende rückwirkende Korrektur der Patientendaten für das 1. Halbjahr 2010 gerechtfertigt. Zusätzlich wurden organisatorische Maßnahmen zur dauerhaften Überwachung und ggf. Korrektur invalider Patientendaten implementiert, insbesondere wurden Zielvereinbarungen mit den Abteilungen über die Kontrolle und Korrektur nicht validierter Daten abgeschlossen.

3.6.3 Schlussfolgerungen

100 Was sind die Haupterkenntnisse des Projektes SixSigma? Die Ergebnisse der Patientenkalkulation sind entscheidend von der Genauigkeit der Datenerhebung abhängig. Vielen Krankenhäusern ist nicht bewusst, dass die von Mitarbeitern erfassten kostenrelevanten Daten zum Teil fehlerhaft sind und zu Fehlschlüssen führen. Mit Hilfe von SixSigma-Analysen wurden diese Fehlerquellen erkannt, beseitigt und damit die Kalkulationsdaten statistisch nachhaltig verändert.

101 Eine weitere Erkenntnis ist der statistisch nachweisbare Einfluss der krankenhausindividuellen Verweildauer auf die Gewinne bzw. Verluste einzelner Behandlungen. Hier konnte eine Korrelationsanalyse den eindeutigen Zusammenhang zwischen der krankenhausindividuellen Verweildauer und den INEK-Kosten in folgender Weise feststellen:

102 Ist-Kosten/INEK-Kosten ⇔ Ist-Verweildauer/INEK-Verweildauer:

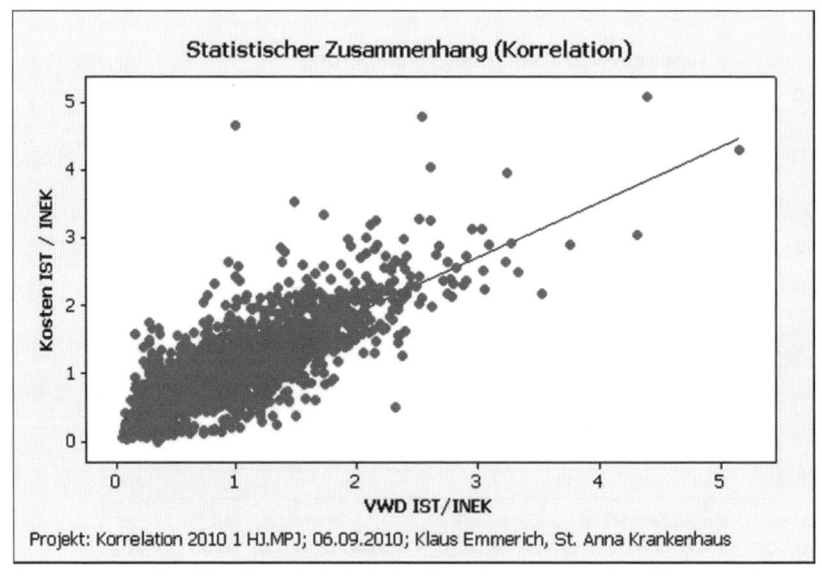

Abb. 31: Grafische Darstellung der Korrelation

Folgen dieser Erkenntnis: Trotz aller Differenziertheit der INEK-Kostenträger hat die Verweildauer vorherrschenden Einfluss auf die ökonomische Verbesserung der Patientenprozesse. Ziel bei der weiteren ökonomischen Untersuchung der Patientenprozesse ist deshalb vorrangig eine intelligente Untersuchungs- und Behandlungsfolge mit der Vorgabe einer minimalen Verweildauer. 103

Weitere Planungen: An dieser Stelle wird nun das zweite SixSigma-Projekt ansetzen. Die Werkzeuge für die Untersuchung der Behandlungsprozesse wurden gemeinsam mit dem Softwarehersteller KMS modifiziert. Grafische Aufbereitungen erleichtern die Ursachenanalyse für zeitaufwendige Patientenprozesse. 104

Es ist nun geplant, die defizitärsten DRG und defizitärsten kalkulierten Patienten des St. Anna Krankenhauses detaillierter zu untersuchen und Vorschläge hinsichtlich einer Verkürzung des Untersuchungs- und Behandlungsprozesse zu erarbeiten. Hierzu werden die Patientenprozesse in chronologischer Reihenfolge einschließlich der entstehenden Kosten dargestellt. 105

Mit Hilfe der SixSigma-Methode wird sich das St. Anna Krankenhaus auf signifikant, d. h. statistisch nachhaltig nachweisbare Prozesseinflüsse zur Verkürzung der Verweildauer konzentrieren und diese anschließend umsetzen. 106

Auszeichnung: Die Erfolge des Kommunalunternehmens „Krankenhäuser des Landkreises Amberg-Sulzbach" bleiben nicht ohne Wirkung. Almut Melzer, Geschäftsführerin der SixSigma TC GmbH überreichte dem Leiter des Rechnungswesens und Controllings Klaus Emmerich in Anwesenheit des Vorstandes Christian Roppelt das „SixSigma Green Belt Zertifikat" des European SixSigma Club Deutschland e. V., das die Teilnahme an einer umfassenden Ausbildung und den erfolgreichen Abschluss eines SixSigma-Projektes bestätigt. Als Fazit dieses Experiments kann der zielführende Einsatz der SixSigma-Methoden im Gesundheitsbereich bestätigt werden. 107

3.7 Risikomanagement

3.7.1 5 Jahresplanung

Wirtschaftliche Entwicklungen im Gesundheitswesen sind nur schwer zu planen. Das entbindet Sie jedoch nicht von der Aufgabe, durch eine langfristige Prognose mehr Sicherheit für Ihr Krankenhaus zu schaffen. Planen Sie allgemeine Veränderungen von Preisen, Personalkosten, Leistungsmengen und Steigerungsraten nach KHEntgG. Entwickeln Sie strategische Zukunftsprojekte, für die Sie Umsätze und Kosten entsprechend planen. Integrieren Sie diese gesonderten Projekte zeitlich in die 5-Jahresplanung. 108

Planen Sie Jahresergebnisse, Bilanzen, globale Investitionsvorhaben und globale Instandhaltungsmaßnahmen. Damit können wirtschaftliche Risiken rechtzeitig erkannt und durch strategische Maßnahmen verringert werden. 109

Tab. 30: Erfolgsplanung

Kostenarten	Ansatz 2009	2010	2011	2012	2013	2014	2015
Personalkosten	20.208.700,00	20.672.980,00	21.676.376,66	22.850.816,04	24.284.554,50	25.809.681,99	27.235.913,87
Sachkosten	4.621.310,00	4.673.070,00	4.704.123,25	4.931.917,34	5.411.481,75	5.849.948,36	6.128.992,62
Abschreibungen	1.050.900,00	1.051.870,00	1.166.551,35	1.178.216,86	1.189.999,03	1.201.899,02	1.213.918,01
Zinsenaufwendungen	439.380,00	432.390,00	796.783,85	919.707,20	926.718,25	933.939,63	941.377,65
Sonstiges	3.984.438,50	3.886.850,00	7.892.743,19	4.463.114,31	4.427.702,20	4.524.223,95	4.623.371,00
Gesamtkosten	30.304.728,50	30.717.160,00	36.236.578,29	34.343.771,75	36.240.455,72	38.319.692,94	40.143.573,15

Die Entwicklung der Gesamterlöse stellt sich wie folgt dar: (in Euro)

Erlösarten	2009	2010	2011	2012	2013	2014	2015
Allgemeine Krankenhaus- und Pflegeleistungen	20.720.560,00	23.744.861,17	25.636.153,23	26.085.398,73	27.816.920,77	29.920.350,45	30.820.991,03
Sonstige Erträge aus KH-Leistungen	1.796.030,00	2.130.720,00	2.130.720,00	2.130.720,00	2.195.120,00	2.273.872,00	2.305.766,56
Geratrische Reha und Pflege Wachkoma	3.056.490,00	3.277.190,00	3.577.412,20	3.642.324,41	3.658.083,03	3.701.178,24	3.714.811,76
Sonstige betriebliche Erträge	1.248.410,00	1.651.900,00	1.790.493,66	1.854.090,30	2.042.568,59	2.040.887,91	2.186.887,91
Sonstiges	2.146.529,00	2.581.037,00	5.765.928,36	2.565.867,00	2.565.867,00	2.565.874,00	2.565.875,00
Gesamterlöse	28.968.019,00	33.385.708,17	38.900.707,45	36.278.400,44	38.278.559,39	40.502.162,61	41.594.332,27

Steuerungsgrößen

Die Entwicklung des Jahresergebnisses stellt sich wie folgt dar: (in Euro)

	2009	2010	2011	2012	2013	2014	2015
Jahresergebnis mit Maßnahmenbündel	-1.336.709,50	2.668.548,17	2.664.129,16	1.934.628,69	2.038.103,67	2.182.469,67	1.450.759,12

Das Jahresergebnis verteilt sich auf folgende Einrichtungen: (in Euro)

	2009	2010	2011	2012	2013	2014	2015
Krankenhaus 1	-822.131,00	3.124.717,00	3.042.840,63	2.534.947,45	2.957.283,85	3.388.534,32	3.034.538,78
Krankenhaus 2	-510.158,50	-315.778,83	-304.126,44	-499.010,45	-788.514,54	-1.062.440,15	-1.376.569,39
Pflegeheim	-4.420,00	-140.390,00	-74.585,03	-101.308,31	-130.665,64	-143.624,51	-207.210,27
Gesamtunternehmen	-1.336.709,50	2.668.548,17	2.664.129,16	1.934.628,69	2.038.103,67	2.182.469,67	1.450.759,12

Prämissen	2009	2010	2011	2012	2013	2014	2015
PK-Steigerung (tariflich)			5,00 %	5,00 %	5,00 %	5,00 %	5,00 %
SK-Steigerung		2,00 %	2,00 %	3,00 %	3,00 %	3,00 %	3,00 %
Steigerung nicht neutralisierbare Abschreibungen: Neue Investitionen			1,00 %	1,00 %	1,00 %	1,00 %	1,00 %
Zinssteigerung			3,00 %	3,00 %	3,00 %	3,00 %	3,00 %
DRG-Erträge: Steig.Rate Krankenhaus 1		1,41 %	1,54 %	0,50 %	0,50 %	0,50 %	0,50 %
DRG-Erträge: Steig.Rate Krankenhaus 2			1,54 %	0,50 %	0,50 %	0,50 %	0,50 %
Steigerung Fallzahlen neue Chefärzte (Krankenhaus 1)			2,70 %	1,00 %	0,00 %	0,00 %	0,00 %
Senkung Fallzahlen (Krankenhaus 2)			-1,00 %	-1,00 %	-1,00 %	-1,00 %	-2,00 %
Steigerung Ger. Rehabilitation (Krankenhaus 2)			-1,00 %	-1,00 %	-1,00 %	0,00 %	0,00 %
Steigerung Anzahl Bewohner Wachkoma	13,0	13,5	15,0	15,5	16,0	16,5	16,5
Erlösänderungen durch Maßnahmen		226.148,85	530.539,15	704.023,17	2.577.834,80	4.649.022,57	5.633.853,61
Maßnahme 1			102.200,00	102.200,00	102.200,00	102.200,00	102.200,00
Maßnahme 2		195.527,00	266.913,55	266.913,55	266.913,55	266.913,55	266.913,55
Maßnahme 3		30.621,85	124.840,34	131.554,62	129.873,95	129.873,95	129.873,95
Maßnahme 4			36.585,26	36.585,26	36.585,26	36.585,26	36.585,26
Maßnahme 5					1.875.492,31	3.946.680,08	4.931.511,12
Maßnahme 6				166.769,73	166.769,73	166.769,73	166.769,73

Tab. 30: *(Fortsetzung)*

Kostenänderungen durch Maßnahmen						
Maßnahme 1	1.561.822,58	912.085,39	649.022,21	1.232.482,57	1.799.977,43	2.000.569,60
Maßnahme 2	185.049,85	14.468,08	14.468,08	14.468,08	14.468,08	14.468,08
Maßnahme 3	57.913,34	256.510,03	256.510,03	256.510,03	256.510,03	256.510,03
Maßnahme 4		108.746,19	117.750,82	115.711,88	114.315,70	112.905,53
Maßnahme 5		33.441,03	32.732,67	32.217,63	31.716,58	31.215,54
Maßnahme 6		276.000,00	379.960,00	967.964,18	1.539.346,09	1.743.839,31
Maßnahme 7			86.670,39	86.670,39	86.670,39	86.670,39
Maßnahme 8		-159.193,64	-159.193,64	-159.193,64	-159.193,64	-159.193,64
Maßnahme 9		-72.100,00	-72.100,00	-72.100,00	-72.100,00	-72.100,00
Maßnahme 10	1.318.859,40	-5.786,30	-7.776,14	-9.765,97	-11.755,81	-13.745,65
	-1.335.673,73	460.000,00				
Erfolg Maßnahmenbündel:	-1.335.673,73	-381.546,24	55.000,95	1.345.352,23	2.849.045,13	3.633.284,01

Tab. 31: Investitionsplanung

Bezeichnung	Investitionsplan						
	2009	2010	2011	2012	2013	2014	2015
Zusammenstellung des Investitionsplanes							
Investitionsplanung	**1.014.243,30**	**2.305.855,00**	**2.979.999,00**	**3.061.990,89**	**553.920,43**	**545.431,45**	**536.503,03**
A) Pauschale Fördermittel	720.000,00	720.000,00	720.000,00	720.000,00	720.000,00	720.000,00	720.000,00
Krankenhaus 1	480.000,00	480.000,00	480.000,00	480.000,00	480.000,00	480.000,00	480.000,00
Krankenhaus 2	240.000,00	240.000,00	240.000,00	240.000,00	240.000,00	240.000,00	240.000,00
B) Einzelfördermittel	**100.863,00**	**0,00**	**750.000,00**	**0,00**	**0,00**	**0,00**	**0,00**
Krankenhaus 1		0,00	750.000,00	0,00	0,00	0,00	0,00
Krankenhaus 2	100.863,00						
C) Zuwendungen Dritter (Spenden)	**8.700,00**	**7.700,00**	**9.100,00**	**9.400,00**	**9.700,00**	**10.000,00**	**10.300,00**
Krankenhaus 1	7.000,00	7.200,00	7.400,00	7.600,00	7.800,00	8.000,00	8.200,00
Krankenhaus 2	1.200,00	0,00	1.200,00	1.300,00	1.400,00	1.500,00	1.600,00
Pflegeheim	500,00	500,00	500,00	500,00	500,00	500,00	500,00
D) Darlehensfinanzierung/Eigenfinanzierung	**184.680,30**	**1.578.155,00**	**1.500.899,00**	**2.332.590,89**	**-175.779,57**	**-184.568,55**	**-193.796,97**
Krankenhaus 1 (lt. Investitionsplanung)		1.730.000,00	1.660.336,25	2.500.000,00	0,00	0,00	0,00
Krankenhaus 2 (wg. Überziehung pauschaler Fö.Mi)		-151.845,00	-159.437,00	-167.409,00	-175.780,00	-184.569,00	-193.797,00
Pflegeheim							

Tab. 31: *(Fortsetzung)*

E) Entwicklung der Anlagen						
Vortrag Vorjahr	4.567.796,14	4.530.169,44	5.784.154,44	6.909.414,60	8.282.595,59	7.689.813,50
Abschreibungen (lt. ERP)	1.051.870,00	1.051.870,00	1.104.738,85	1.115.786,23	1.126.944,10	1.138.213,54	1.149.595,67
Investitionen (lt. Investitionsplanung) zzgl. pauschal-/spendenfinanz.	1.014.243,30	2.305.855,00	2.229.999,00	3.061.990,89	553.920,43	545.431,45	536.503,03
Anlagenbestand zum 31.12.xx	**4.530.169,44**	**5.784.154,44**	**6.909.414,60**	**8.855.619,25**	**8.282.595,59**	**7.689.813,50**	**7.076.720,86**
F) Entwicklung der Sonderposten						
Vortrag Vorjahr	1.978.822,00	1.974.973,00	1.947.123,00	2.670.673,00	2.644.523,00	2.618.673,00	2.593.123,00
Neutralisierung AfA (lt. ERP)	-613.271,47	-755.550,00	-755.550,00	-755.550,00	-755.550,00	-755.550,00	-755.550,00
Zuführung (lt. Investitionsplanung, nur A) bis C)	609.422,47	727.700,00	1.479.100,00	729.400,00	729.700,00	730.000,00	730.300,00
Bestand Sonderposten zum 31.12.xx	**1.974.973,00**	**1.947.123,00**	**2.670.673,00**	**2.644.523,00**	**2.618.673,00**	**2.593.123,00**	**2.567.873,00**

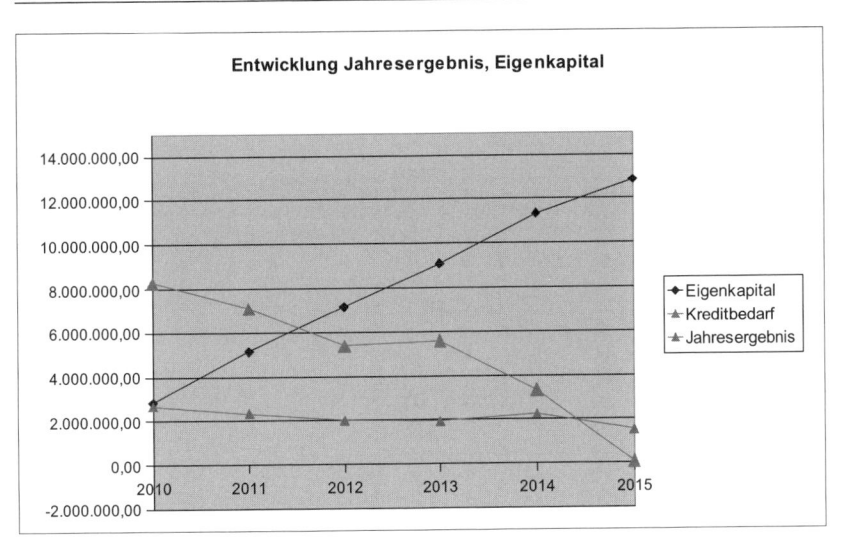

Abb. 32: Prognostizierte Bilanzentwicklung

Finanzmanagement im Krankenhaus

Tab. 32: Entwicklung von Eigenkapital, Kreditbedarf und Jahresergebnis

Position	Vortrag Bilanz	Bilanzplan					
Bezeichnung	2009	2010	2011	2012	2013	2014	2015
Verkürzte Bilanz							
1 Anlagevermögen (lt. Investitionsplanung)	4.530.169,44	5.986.999,44	7.325.246,85	9.495.088,11	9.156.882,89	8.810.660,17	8.456.454,86
2 Umlaufvermögen (in etwa unverändert)	9.406.382,05	9.406.382,05	9.406.382,05	9.406.382,05	9.406.382,05	8.720.361,06	10.567.497,37
3 Rechnungsabgrenzungsposten (in etwa unverändert)	9.991,11	9.991,11	9.991,11	9.991,11	9.991,11	9.991,11	9.991,11
Aktiva	13.946.542,60	15.403.372,60	16.741.620,01	18.911.461,27	18.573.256,05	17.541.012,34	19.033.943,34
			16.741.620,00				
1 Eigenkapital	150.000,00	2.818.548,17	5.144.489,83	7.141.549,15	9.082.707,74	11.328.862,89	12.843.944,35
2 Sonderposten (lt. Investitionsplanung)	1.974.973,00	1.947.123,00	2.670.673,00	2.644.523,00	2.618.673,00	2.593.123,00	2.567.873,00
3 Rückstellungen (in etwa unverändert außer 2008)	3.553.108,53	3.553.108,53	3.553.109,00	3.553.109,00	3.553.109,00	3.553.109,00	3.553.109,00
4 Verbindlichkeiten	8.264.533,97	7.080.665,80	5.369.421,54	5.568.353,50	3.314.839,68	61.990,82	65.090,36
davon Finanzkredite	184.680,30	1.781.000,00	1.713.886,25	2.556.227,50	59.038,88	61.990,82	65.090,36
5 Rechnungsabgrenzungsposten (in etwa unverändert)	3.927,10	3.927,10	3.927,10	3.927,10	3.927,10	3.927,10	3.927,10
Passiva	13.946.542,60	15.403.372,60	16.741.620,01	18.911.461,27	18.573.256,05	17.541.012,34	19.033.943,34

3.7.2 Risikoanalyse im Lagebericht

Die Risikoanalyse ist für alle Krankenhäuser verpflichtend die nach §§ 264, 267 Abs. 1 HGB jährlich einen Lagebericht zu verfassen haben. Nehmen Sie sich Zeit für diese Risikoanalyse. Sie ist ein Leitfaden für Ihre eigene unternehmerische Gegensteuerung.   110

Gesetzliche Rahmenbedingungen: Formulieren Sie die gesundheitspolitischen Einflüsse und die daraus resultierenden Planungsunsicherheiten wie z. B. Höhe des landeseinheitlichen Basisfallwertes, Abschläge für Mehrleistungen, Katalogeffekt durch Herausgabe eines neuen DRG-Fallpauschalenkatalogs und alle gesetzlich formulierten Beiträge der Krankenhäuser zur Begrenzung der Gesundheitskosten.   111

Marktrisiken: Formulieren Sie Ihre regionale Wettbewerbssituation und Umbruchsituationen. Nehmen Sie Bezug auf die Größe und das korrespondierende Leistungsspektrum der benachbarten Krankenhäuser, deren finanzielle Ausstattung, deren Trägerschaft und des daraus resultierenden Patienteneinzugsgebietes.   112

Personalrisiken: Beschreiben Sie die sich abzeichnenden Personalkostensteigerung. Gehen Sie auf erforderliche Änderungen der Personalkapazität ein. Stellen Sie dar, in welchen Bereichen Sie mit Personalmangel zu rechnen haben, und wie sich dies auf Ihr Leistungsangebot auswirkt.   113

Sachkostenrisiken: Prognostizieren Sie die Preissteigerungsrate für Ihr Krankenhaus. In welchen Bereichen benötigen Sie zusätzliche Sachkosten aufgrund veränderter Leistungsstrukturen?   114

Instandhaltungsrisiken: Welche Instandhaltungen sind notwendig, welche geplant? Wie wird dies das Jahresergebnis beeinflussen?   115

Liquiditätsrisiken: Stellen Sie Liquiditätsrisiken in Bezug auf die jährliche Änderung des DRG-Fallpauschalenkataloges und das Risiko eines Katalogeffektes dar. Wie wird sich der Katalogeffekt in Ihrem Krankenhaus auswirken? Welche Liquiditätsrisiken bestehen im verzögerten Begleichen der stationären Rechnungen durch die Krankenkassen? Wie umfangreich sind MDK-Einwände zu bereits abgerechneten Patienten in Ihrem Hause? Wurden entsprechende Rückstellungen für erwartete Erlösausfälle gebildet?   116

Risiken aus der Verwendung von Finanzinstrumenten: Verfügt Ihr Krankenhaus über ausreichende Finanzreserven? Wie sind diese Finanzreserven angelegt? Welche Risiken bestehen für diese Finanzanlagen?   117

Risikomanagement: Stellen Sie dar, aus welchen Elementen Ihr Risikomanagement besteht. Als Beispiele können dienen: 118

- Ihr wöchentliches DRG-Controlling, das Kennzahlen wie DRG-Fallzahl, Casemix, Casemix-Index, Rechnungsrückstand zwischen Entlassung des Patienten und Abrechnung ermittelt; damit stehen gute Steuerungsinstrumente zur Verfügung.
- Ihre prozessorientierte Kostenträgerrechnung; für auffällige DRG bzw. auffällige Patientenkalkulationen kann der gesamte Behandlungsprozess einschließlich der daraus resultierenden Behandlungskosten abgebildet werden. Ziel ist die Verringerung unrentabler Behandlungsprozesse.
- Die Darstellung der wichtigsten betriebswirtschaftlichen und medizinischen Leistungsdaten, die im Direktorium erörtert und bzgl. Konsequenzen diskutiert werden; hierfür stehen DRG-Daten, Kostendaten und Erlösdaten monatlich zur Verfügung.
- Regelmäßige (mindestens quartalsmäßige) Veranstaltung zur Beurteilung und Abwendung medizinischer und pflegerischer Risiken im Rahmen des Medical-Risk-Management: Medizinische, pflegerische und sonstige Haftungsrisiken sind ggf. versichert.
- Eine jährliche Bewertungsmatrix mit Analyse schwerwiegender Risiken für den Unternehmensbestand.
- Die Einführung des Case-Managements zur Verbesserung des Patientenprozesses; Case-Manager begleiten den Patientenprozess von der Aufnahme bis zur Entlassung und erlöswirksamen Kodierung.
- SixSigma-Projekte für gezielte Prozessveränderungen mit nachweisbarer statistisch signifikanter Veränderung der gewünschten Output-Daten; damit wird die Sicherheit über gewünschte Prozessergebnisse deutlich erhöht.
- Ihre 5-Jahresplanung unter Berücksichtigung sämtlicher strategischen Zukunftsprojekte; die Fortschreibung umfasst die Planung der Jahresergebnisse, globaler Bilanzen, globaler Investitionsvorhaben und globaler Instandhaltungsmaßnahmen; damit sollen wirtschaftliche Risiken rechtzeitig erkannt und durch strategische Maßnahmen verringert werden.
- Anti-Korruptionsrichtlinie zur Vermeidung missbräuchlicher Verwendungen unternehmerischer und finanzieller Ressourcen.
- KTQ-Zertifizierung oder Rezertifizierung; damit wird eine nachweisbare gute Qualität Ihrer Krankenhausleistungen von einem unabhängigen Institut bestätigt.
- Implementierung eines Qualitätsmanagementbeauftragten und einer regelmäßig tagenden Qualitätsmanagementkonferenz; Ziel ist die Absenkung von Qualitätsrisiken in Ihrem Krankenhaus.

4 Fazit

Die Zeiten für bundesdeutsche Krankenhäuser sind durch Budgetdeckelung, unsichere Gesetzgebung im Gesundheitswesen und den hohen Kostendruck des DRG-Fallpauschalensystems schwierig geworden. Dies entbindet Sie in der Klinikleitung nicht von dem Ziel, ein positives Jahresergebnis anzustreben. Bleiben Sie diesem Ziel treu. Leiten Sie daraus den notwendigen Analysebedarf ab (Kap. 2). Nehmen Sie die Herausforderungen an und steuern Sie Ihr „Unternehmen Gesundheit" (Kap. 3).

Zielstrebigkeit, Prozessorientierung und Planbarkeit sind die wesentlichen Voraussetzungen, um Ihr Klinikum in eine erfolgreiche Zukunft zu steuern.

Vergessen Sie nicht den menschlichen Aspekt! Das deutsche Gesundheitswesen erfordert ein immer zielstrebigeres ökonomisches Handeln der Klinikleitung. Dies darf jedoch nicht vergessen lassen, dass den Krankenhäusern Menschen mit ihren Sorgen und Nöten anvertraut sind. Die Gesundheit der anvertrauten Patienten ist und bleibt der vorrangige Auftrag jedes Krankenhauses.

Literatur

Deutsche Krankenhaus Verlagsgesellschaft mbH (Hrsg.): KALKULATION VON FALLKOSTEN, Handbuch zur Anwendung in Krankenhäusern. Version 3.0, Düsseldorf 2007, Deutsche Krankenhausgesellschaft (DKG), Spitzenverbände der Krankenkassen (GKV), Verband der privaten Krankenversicherung (PKV).

Emmerich, K.: Prozessorientierte Kostenträgerrechnung in der praktischen Umsetzung, in: Krankenhaus IT Journal 4/2010, Antares Computer Verlag GmbH, Dietzenbach 2010, S. 31 bis 33.

Emmerich, K.: DRG-Kostenermittlung für Einsteiger, in: Krankenhaus IT Journal 5/2010, Antares Computer Verlag GmbH, Dietzenbach 2010, S. 44-45.

Emmerich, K./Roppelt, Ch./Melzer, A.: SixSigma und prozessorientierte Kostenträgerrechnung, in: Krankenhaus IT Journal 6/2010, Antares Computer Verlag GmbH, Dietzenbach 2010, S. 16-17.

Ganzmann, R.: Klinisches Case Management: Die Implementierung eines neuen operativen Steuerungsinstrumentes zwischen theoretischem Anspruch und praktischen Erfordernissen am Beispiel der individuellen Adaption des St. Anna Krankenhauses in Sulzbach-Rosenberg, Diplomarbeit Studiengang Betriebswirtschaft, Poppenricht 2009, Hamburger Fern-Hochschule HFH, Kap. 4.5.1.1 und 4.5.2.3, S. 59-61, 70.

Melzer, A.: Wirtschaft in Ostwürttemberg 10/2010, Industrie- und Handelskammer Ostwürttemberg, Heidenheim 2010.

Mitwirkung

Christian Roppelt, Vorstand, Roland Ganzman, Leiter Case-Management, Kommunalunternehmen „Krankenhäuser des Landkreises Amberg-Sulzbach", Implementierung des Case-Managements in die Krankenhäuser des Kommunalunternehmens.

KMS Vertrieb und Services AG, 2010, Unterhaching, www.kms.ag, Neugestaltung der Abbildungen 8 bis 16 im Softwareprodukt eisTIK.NET® Rel. 3.5 in Abstimmung mit dem Kommunalunternehmen „Krankenhäuser des Landkreises Amberg-Sulzbach".

Six Sigma TC GmbH, Almut Melzer, Peter Dannenberg, 2010, Riesbürg, www.6sigma-tc.de/html/firmenportrait.html: Überlassung der Abbildungen 26 und 27 sowie Tabelle 29 und textliche Unterstützung zu Kapitel 3.6.

Ein Dankeschön auch an Andreas Poeplau, Sebastian Wallner und Christine Arnold, Mitarbeiter des Kommunalunternehmens „Krankenhäuser des Landkreises Amberg-Sulzbach" für die Vorlagen zu den Tab. 5 bis 8.